DIE SCHRIFT:

书写还有未来吗？

HAT SCHREIBEN ZUKUNFT?

VILÉM FLUSSER

[巴西] 威廉·弗卢塞尔　著　朱恬骅　译

中国出版集团 东方出版中心

目　录

>Inhalt:

Die Schrift:
Hat Schreiben Zukunft ? |

献给亚伯拉罕·莫尔[1]，

他是后文字的发现者和探险者。

书写是必须的，生活不是。[2]

---

[1] 亚伯拉罕·莫尔（Abraham Moles，1920—1992），法国信息科学和传播学先驱，曾任乌尔姆设计学院和斯特拉斯堡大学教授，"置换艺术"（permutational art）发起人之一。本书脚注均为译者注。本书边码中，结尾字母 D 表示对应的德文原文页码（Göttingen：European Photography，2002 年第 5 版），E 表示英译本页码（Nancy Ann Roth 译，Minneapolis：University of Minnesota Press，2011 年版）。

[2] 套用据传是庞培(Gnaeus Pompeius Magnus，公元前 106—前 48) 的名言："航行是必须的，生活不是。"原注"套用航海家亨利"（frei nach Heinrich dem Seefahrer），疑误。

0

导　言

从字母和其他书写①符号的逐个排列这一意义上来说，<inline-small>3E/7D</inline-small>书写看起来几乎没有——甚至是完全没有——任何未来可言。现在，相比文字符号，其他符码（Code）② 能更有效地传递信息。以前书写的内容，现在可以借磁带、唱片、电影、录像带、视频光盘或计算机软盘等更好地传递。而且，长久以来无法得到书写的大量信息，现在都可以通过这些新符码得以记录。通过这些方式编码的信息比书面文字更容易制作、传输、接收和存储。未来，通过使用这些符码，人们将能够比用字母和阿拉伯数字更好地相互交流，从事科学、政治、创作和哲学。看来，书写符码真的会像埃及象形文字或印第安绳结一样被搁置一旁。未来只

---

① 德语中，动词 schreiben（书写）有 Schrift 和 Schreiben 两个名词形式，本书将前者统一翻译为"文字"（写下的东西），后者翻译为"书写"（保持和动词一致）。

② Code 通常译为"代码"，但由于当今"代码"普遍指涉计算机（程序）代码，为突出弗卢塞尔所说的 Code 包含人们用于沟通意义的各种方式和规则体系，参照符号学中的惯例，本书译为"符码"。

有历史学等领域的专家才有必要学习阅读和书写。

许多人不愿承认这一点，主要是出于懒惰。他们已经学会了书写，而他们的年纪又太大，以至于无法学习新符码。我们给自己的懒惰披上了华丽高贵的光晕。我们说，如果失去了书写，我们就会失去从荷马、亚里士多德和歌德等人那里所得到的一切，更不用说《圣经》了。只是，我们怎么知道这些伟大的作者（包括《圣经》的作者）就不会更愿意用录音或录像的方式表达自己呢？

但懒惰并不能解释一切。有些人（我也是其中之一），认为没有书写就活不下去。这并不是由于他们想模仿荷马，因为他们知道，即便出现第二个荷马，现在也已经没有人能像荷马那样书写了；相反，他们认为书写是必要的，因为他们的此在（Dasein）在且仅在书写的姿态中才能得到表达。

当然，他们可能是错的。但即使假设他们是对的，制作视频短片不适合他们的此在，不适合他们的思维形式（forma mentis），这不恰好证明他们此在的形式已经过时，他们已经成为恐龙[①]？诚然，并非所有过时的东西都一定不可取；所谓"进步"并不一定意味着改良。毕竟，恐龙也是一种不错的动物。然而，对于书写的坚持在今天却变得值得商榷。

————————————

① 指应像恐龙那样彻底消失。

这里要提出的问题是：书写有什么独特之处？是什么让它有别于过去和未来那些可相比较的姿态——有别于绘画，有别于敲击电脑键盘？在大理石上凿出拉丁字母，在丝绸上写下中文的表意文字，在黑板上涂写方程，在打字机上敲击按键，如此种种的书写姿态之间有何共同之处？在开始书写之前，人们怎样生活？而如果放弃书写，他们又会怎样生活？所有这些，以及其他更多问题，显然不仅涉及书写本身，也涉及对书写内容的阅读。

　　虽然这些问题看似简单，但要全部予以回答，非一本综合性的书不可。即便如此，也终究不过是一本书而已。相比之下，真正需要的是什么？这同样是个问题。

1

题　字

　　我完成本书的意图，在于对文字本身进行书写。细究起来，这是一个自我吞噬的任务。在这个任务中，文字既是对象（相对而立），又是对抗对象的武器。这样自我吞噬的任务，可以和"反思"（nachdenken）相比较；在反思中，思想与思想相对而立。然而也是这一比较，显示出反思与尝试就文字本身进行书写有何不同。在"nachdenken"这个词语中，"nach"这一词头可以有两种解释①：一种是指在有所思考以后，努力让后续的想法接踵而至，使它们井然有序；另一种是指努力将新的思想与已经产生的思想相向而行，发现其中的草蛇灰线。在进行关于文字的书写时，这两种策略都没有意义。它不可能是将人们就此所写下的文字进行依序整理，因为被书写的文字本就已有秩序。文字符号是按行排列的，每一个符号在这个一维秩序

———————

① 德语中，"nach"既有"在……之后"的意思，也有"按照……的方式"的意思。

中都已经有了指定的位置。它也不是为了追踪书写，因为文字符号本身仅由痕迹（古希腊语的τύποι①）构成。关于文字的书写，本身就应被视为一种反思方式，即试图通过新的思想，将那些已受书写影响的、被思考过的思想按顺序排列起来，追踪这些已经被思考过的思想，并将它们写下来。这就是本书的目的。

关于文字的反思和书写实际应该被称为"题字"（Überschrift）②。遗憾的是，这个词已为人使用，而且另有"标题"的含义。但这并不重要：给"题字"赋予新的含义也未尝不可。人们不就将这种对语言的暴力，称为"语言创造"吗？

所有的书写都是"正确的"（richtig）③：它是一种排列（ausrichten）并排序文字符号的姿态。而文字符号（间接或直接地）是思想的符号。因此，书写是一种指向并排列思想的姿态。任何书写的人都必须先有所反思。而文字符号就是正确思维的引号（Anführungszeichen）④。只要一接近文字，书写之下的隐藏动机就会显现出来：书写是为了让自己的思想走上正确的轨道。人们阅读书面文字

---

① 本书中涉及的古希腊语，原文均为拉丁字母转写形式。

② Überschrift 有"标题、写在上方、上标"之意，此处姑且译为"题字"，以"题"有"上端""标题"之意，而"字"与"Schrift"（文字）对应，来同时指涉这几层意义。同时，"Überschrift"又与书末"Unterschrift"呼应，前者"写在上面"，后者"写在下面"，而中文里题字恰可与落款呼应。

③ 从上下文看，作者赋予"正确"一词以"有方向"之意。

④ 引号（Anführungszeichen）由引导（Anführung）和记号（Zeichen）组成。

时，得到的第一印象就是这种经过排序、一行一行的样子。所有的书写都是有序的，这直接导致了当今书写的危机。因为这种排序和排列是机械性的，所以机器比人做得更好。我们可以把书写，也就是符号的排列，交给机器。我指的不是我们已经知道的那种机器，因为它们仍然需要人类通过按下键盘上排好的按键，按照规则将文字符号排成字行。我指的是能够按照正字法规则书写的机器（Rechtschreibmaschine），即能自行处理这种排列的人工智能。这种机器从根本上说不仅能按正字法书写，而且是进行反思的机器（Nachdenkmaschine），它们必将引发我们对书写的未来的忧虑，同时也有关于反思本身的反思。

书写是为了让想法排成字行，因为未写下来、放任自流的思想只会原地打转。这种任何思想都可以回到前一个思想的思维循环，在特定的语境中就被称为"神话思维"。文字符号是将思维从神话引导向线性的引号，这种定向思维被称为"逻辑思维"，其原因尚待讨论。文字符号是逻辑思维的引号。如果仔细观察引号，就会明白这一点。例如，"词"是一个词，"句子"却不是一个句子。有些东西只能写下来，因为当人们说起它时，只能绕着它兜圈子。从更宽泛且更重要的意义上说，所有的文字符号都是引号。

但是，所写的字行不仅引导想法排列成行，还将这些思想引导到接收者那里。这些思想越过句点，走向读者。书写之下的动机不仅在于引导思想，还在于引导思想走向他者。一篇文字作品只有到达另一个人（即读者）手中，它才实现了这个隐藏于书写之下的意图。书写不仅是一种反思的、内向的姿态，也是一种表达的、外向的（政治）姿态。书写的人向自己的内在施压，同时也向外迎向某个人施压。这种矛盾的压力为文字赋予了张力，文字因而得以成为承载和传播西方文化的符码，并爆炸性地形塑了这种文化。

在对书写的第一印象中，人们最深刻的是字行，也就是文字符号的连续排列和线性流动。它们使书写看起来是一维思维的表达，因而也是一维的感觉、意愿、判断和行动：一种意识，借助文字得以从前文字意识令人目眩的循环中浮现出来。我们熟悉这种文字意识，因为它是我们自己的意识，我们对它进行过反思与检验。

本书并非首个"题字"。关于书写，人们已经写了很多，即便是以不同的名目。在这些"题字"下，文字意识被赋予了各种名称。它被称为"批判的"或"进步的"，"列举的"或"叙事的"。但所有这些名称都导向一个共同之处，我们可以称之为文字意识的"历史意识"。

这件事比看上去的要更根本，因为它并不是说历史意识能够用各种符码（文字即其中之一）得到表达；相反，文字，这种符号的线性逐个成行排列，才使历史意识成为可能。只有逐行进行书写的人，才能进行逻辑思维、运算、批判、科学研究、哲学思考，才能相应地采取行动。在此之前，人们只能在原地打转。书写得越久，思考和行动就越具有历史性。书写的姿态唤起历史意识的显现，这种意识随着书写的增多而得到强化，也更为深入，反过来又使书写不断得到加强和丰富。书写者与历史意识之间的这种反馈，使历史意识具有一种不断上升的张力，使其能够不断向前推进。这就是历史的动力。

认为总有事情发生所以就总是存在历史，认为文字只不过是捕捉了已经发生的事情，或把历史时期当作人们以文字记录事件的历史阶段，都是错误的。之所以说是错误的，在于文字发明之前，什么都没有发生（geschehen），事情只是出现（sich ereignen）。要想让一件事情发生，就必须让它得到某一意识的感知与把握，被这一意识视为一个事件（过程）。在史前时期（这个术语是恰当的），什么都不可能发生，因为没有能够感知事件的意识。一切都被感知为永恒轮回。只有随着文字的发明，随着历史意识的崛起，事件才成为可能。当谈论史前事件时，我们是在事后书写历史并犯下时代错误。谈论自然史时就更是如此，犯了历史主义的错误。历史是书写的功能，也是在书写中得到表达的意识的功能。

书写，作为将文字符号排成行的方式，可以得到机械化和自动化。机器的书写速度比人类更快。不仅如此，机器还能自动地变化符号逐个排列的规则（"正字法"规则）。我们已经可以在新的正字法书写机器——文字处理机①——中看到书写的速度和可变性，尽管它们目前还很原始。人工智能无疑会在未来变得更加智能。它们所拥有的历史意识将远胜于我们。它们将比我们更好、更快、更丰富地创造历史。历史的动力将提升至难以设想的地步：将发生更多的事情；事件将接连不断地发生，变得更加多样化。就我们而言，所有的历史都可以放心地交给自动化机器来处理。因为所有这些机械化和自动化的用具都能比我们更好地创造历史，从而让我们可以专注于其他事情。至于专注于什么事情，正是本书提出"书写还有未来吗?"这一问题所意指的。

第一章之所以被称为"题字"，是因为它是第一章，宣示了就文字展开书写的尝试。出于对称性的原因，最后一章被称为"落款"。这种对称合乎我们的意图。它看起来像是在说，文字已经被更有效的符码超越，历史意识已经被一种难以设想的新事物超越，并对此加以言说。但本章以"题字"为题，其意并非如此。恰恰相反，本章的用意在于，只有这样的人才有权就书写本身进行书写：他已

---

① 文字处理机（Word processors），自 20 世纪 60 年代开始发展，外观类似打字机，但有小型屏幕以供在输入时进行编辑。

经事先为书写所掩盖的所有事物落款签字，继而参与其中，并在此后为将要随着书写的落败而丢失的所有事物落款签字。只有这样，他才不但有权就书写进行书写，而且有权超越这样的书写，以就"不再书写"（Nichtmehr-schreiben）一事展开书写。

2

铭　文

　　在讨论究竟能否抛弃书写之前，我们必须先提问书写是如何开始的。词源学在这里可能会有所帮助。"schreiben"（书写）一词源于拉丁文"scribere"，意思是"刻写"（ritzen）。古希腊语的书写一词"γράφειν"，原本的意思也是"刻"。因此，书写最初是一种利用楔形工具［"刻刀"（Stilus）］在对象上刻下痕迹的姿态。然而，现在人们基本上已不再这样书写了。现在，书写通常是在对象表面涂上颜料。不再是"写入"（Inschrift），而是"写上"（Aufschrift）①，且通常不用楔形工具。

　　如果我们求证于考古学而不是词源学，那么"写入"是否真的先于"写上"就变得不确定了。例如，也许埃及人最早使用颜料。不过，我们确实有一个神话，实际上是

———————————————

① 本章标题原文为 Inschrift，通常译为"铭文"，字面意思是"写入某一物体内"。下章标题原文为 Aufschrift，通常译为"标记"，字面意思是"在某一表面上书写"。在翻译章节标题时，为使本书章节标题均为名词，取其通常译法；在翻译内文时，由于作者更多使用其字面意思，分别译为"写入"和"写上"。

西方奠基性的神话之一，它确定了镌刻先于绘画这一词源学上的顺序。

根据这个神话，上帝用黏土（希伯来语中的"adamah"）塑造了自己的形象，并在黏土中注入了自己的气息，从而创造了人类（希伯来语中的"adam"）。像所有神话一样，这个神话具有重要意义，其丰富内容可以得到展开（auseinandergefaltet）。例如，黏土是上帝〔圣父（Großer Vater）〕埋藏他的气息（"精神"）的材料〔圣母（Große Mutter）〕，这样，我们就作为被注入了精神的材料而从这一交合中产生。如果我们不否认这一神话的上述含义，就可以从中发现书写的起源。神话中，美索不达米亚黏土被塑造成一块泥板，以神圣的楔形笔镌刻，最初写入的铭文（即人）从而得以创造。当然，这两种解释可能会与其他解释相结合，由之产生的新阐释或许没有根据（或具有部分神秘气息）。但这里的意图并非如此。在这里，神话被严肃地视为对镌刻的书写姿态的描述。当上帝将自己的气息埋入泥土时，他究竟做了什么？

首先，他把一个对象（黏土）拿在手上（他掌握了它），然后他把它重塑成一个平行六面体（他进行了劳作），最后，他为其赋予信息（他刻下形状）。我们当然知道，事情并没有就此结束：他烧制这块有信息的泥板，使其硬化。此处讨论的神话并没有谈论这一点，但在逐出伊甸园的神话中有所涉及。

准备性的抓握和劳作可以被排除出下面的思考，因为这里涉及的是书写的姿态。令人感兴趣的是赋予信息和烧制。

赋予信息是一种否定性的、针对对象的姿态。这种姿态属于处理客体的主体。它在各个对象上划刻出洞来。它在过于自足自满的事物上，挖出属于"精神"的洞，以使这些事物不再规定主体。这种姿态体现了主体将自身从顽固抵抗的对象那里解放出来的意愿。书写的"刻洞"是一种赋予信息的姿态，它试图冲破条件的牢笼，即在客观世界的禁锢之墙中挖出逃生通道。

尽管"赋予信息"（informieren）的原意是"将某物雕刻出形式"，但在当下却被赋予了一系列额外的含义（"信息"因而成了人们相互之间频繁使用的口头禅）。不过，所有这些含义都有一个共同之处："越不概然（unwahrscheinlich）[1]，信息就越多。"

"信息"是"熵"的翻转：总体来说，所有客体（客观世界整体）倾向于变得越加概然，并最终衰变为无形的、最概然的情形，而信息是这一趋势的逆转。然而，所有客体与生俱来的这种熵增趋势也可能一再反转，偶然地导致不概然的情形（在自然界中，螺旋星云或人类大脑等信息一再出

---

[1] 在关于信息论的语境中，本书将 unwahrscheinlich 译为"不概然"，表示概率意义上不太可能发生，以区别于逻辑上的不可能（unmöglich）。

现），但是赋予信息的姿态，典型地表达了主体否定熵增客观趋势的意图。赋予信息（制造不概然的情形）是为了让"精神"对抗荒谬地趋向热寂的物质。镌刻式的书写将这种"精神"嵌入客体，以"激发"（begeistern）[①] 它，也就是说，使它变得不概然。

但对象是狡诈的。它们趋向于熵增，最终会导致刻在对象内的所有信息消失。"精神"嵌入对象的一切都将随时间推移而被遗忘。荒谬的客观世界比主体赋予它信息的意愿更强大。"精神"只能寄希望于它的信息在很长时间后才消亡。一个通过镌刻来书写的人只能希望自己刻下的对象不会消亡得太快（即使进行镌刻的书写者是上帝，情况也依然如此）。通过把握和处理对象，书写者意识到，消亡趋势的对立面，正是想要赋予信息的"精神"：保持信息的能力越强，镌刻起来就越费力（如青铜和大理石）；镌刻起来越容易（如黏土），刻入的信息就会消失得越快。要让文字长时间保持清晰，书写的工作就会费力；而要是书写起来轻松，书写下的文字很快就会变得难以辨认。镌刻式的书写（或者说通过电磁波承载信息的方式得以发明之前的书写），都面临着这种令人不快的选择。

有一种办法可以摆脱这种困境：人们可以在泥板上写字，然后烧制这些泥板。我们可以选择一个柔软的对象，

———————————

[①] begeistern 字面可解读为"赋予精神"。

赋予其信息，再将其硬化，迫使它不会太快遗失这些信息。这样，既可以在没有明显客观阻力的情况下赋予信息，又可以长时间克服对象的狡诈。烧制泥板以强化其保持信息的能力，是"精神"的最高成就，整个西方历史可以看作这一主题的一系列变奏：从手稿复制与印刷，到自动化存储与人工智能。这些变奏都属于同一个主题：生产信息，将其传递下去，并使之持久地得到保存〔如果可能的话，比金更坚（aere perennius）①〕，使主体的自由精神、追求不朽的愿望，得以与客体狡诈的惯性、热寂的趋势相对抗。从这个角度看，作为镌刻的书写，即"写入"，是自由意志的表达。

上帝造人这一神话，可以解读为镌刻式书写的模型，它还包含了另一个方面。它让我们了解到镌刻式书写（以及书写本身）的本质。上帝用黏土塑造自己的形象，并将自己的气息埋藏在这个形象中。上帝写入的对象不是无定形的黏土，而是一个用黏土做成的形象。他不是针对给定的事物〔"黏土"这一给定物（Datum）〕，而是被制造出来的事物（"上帝"的形象）。所以，他是针对事实（Faktum）来书写的。书写的姿态不是直接针对一个对象，而是间接地通过图像或在图像的中介下进行。他在黏土上

---

① 字面意思是"比青铜更持久"。

刻入文字，以将图像撕成碎片。镌刻式书写（以及书写本身）是对偶像的破坏。

让词源学再次为我们作证。英语中的"write"（虽然与拉丁文的"scribere"一样表示"刻写"）提醒我们，"ritzen"（刻写）和"reißen"（撕裂）是同源的。用来刻字的楔形工具如同獠牙，而以"写入"的方式书写的人，则是一只撕扯着的老虎：他将图像撕成碎片。"写入"的铭文是图像被撕碎、撕裂后留下的尸体；这些图像就是书写的凶猛獠牙的牺牲品。因此，最初接触到铭文的人感到惊恐。古代犹太人跪倒在两块石板前，因为在《变形记》所说的黄金时代，并没有任何铭文："金牌上也没有刻出吓人的禁条"（nec verba minantia fixo aere legebantur）①。

书写的獠牙反对我们从客观世界中制作出来并以之为材料的图像。它反对我们在客观世界面前设置的属于想象、巫术和仪式的领域。它将我们对世界的表象撕裂，将被撕裂的［"被阐明的"（expliziert）］表象排序成有方向的字行，排序成可计数的、可叙述的、可批判的概念。上帝造人的神话表明，所有书写都具有反对巫术的职责。这就是为什么所有的文字从根本上来说都令人惊恐：它让我们从前文字的表象中惊醒，将我们从前文字意识中那些意

---

① 奥维德《变形记》卷一，诗行91。译文采用的是杨周翰先生的译本，人民文学出版社，2008年，第3页。

味着世界以及身居其间的我们自己的图像中撕裂出来。

在之前的论证中，我们说书写是为了摆脱令人眩晕的思维循环，进入以字行引导的思维。现在，这种说法可以变成：走出史前思维的巫术循环，进入线性的历史思维。书写实际上是思维的转码，是从二维图像的面的符号转化为一维的字行符号；从凝练、模糊的图像符号转化为清晰、明确的书写符号；从表象转化为概念；从场景转化为过程；从语境转化为文本。书写是一种将表象撕裂并使之透明的方法。书写越是向前推进，书写的獠牙就越是深入我们记忆之中那些表象的深渊，将其撕裂，加以"描述""解释"，然后转码为概念。书写沿着字行，向着记忆的深渊（"无意识"）和剥离了表象的客观世界前进，这就是我们所说的"历史"。这是一种进步着的理解。

根据这个神话，上帝撕碎了他的形象（不管我们将这个形象想象为人形木偶还是泥板），并以此写下了我们。于是，他将我们作为他的铭文派到这个世界，将我们从天堂驱赶到这个世界，然后煅烧、淬炼我们，使我们能够描述、解释、掌握和统治这个世界（以及我们自己）。我们以这种方式被造就，为此目的而被书写，为这一使命而受到派遣——这就是我们的命运。阿拉伯语"maqtub"既有"命运"的意思，也有"铭文"的意思。当我们用其他更有效的符号取代书写符码时，我们将放弃的是什么呢？当然是所有直接或间接植根于此一神话的人类学。这也许就是我们西方人所掌握的所有人类学。

16E　　这里所说的"写入",也就是将信息刻入对象之中的做法,已经不再时兴。今天,我们周围不是烧制的黏土或凿刻的石板。取而代之的是大量的印刷品,染上颜料的纸张。我们沐浴其中的,不再是"写入"的文字,而是"写上"的文字。我们要问的问题是,"写上"与"写入"有何不同?以及,当我们从事"写上"时,我们所做的是什么?

3

标　记

文字符号是刻在对象之中还是载于对象表面，这完全是个技术问题。然而，技术问题从来不只关乎技术。技术与使用技术的人之间存在着复杂的反馈关系。发生改变的意识引发技术的变化，而变化的技术又会改变意识。当人们开始用青铜而不是石头制作工具，这既表达了一种变化着的意识，又开启了一种新的意识形式。我们完全可以说，有石器时代的人和青铜时代的人，或者"写入"之人和"写上"之人。

这两种书写方法在技术上最显著的区别在于："写入"用的是刻刀，"写上"用的是毛笔（或毛笔的某种后继）。最晚在古希腊人那里，人们就已经认识到刻刀这种楔形工具确切的力学性质。而要了解毛笔中颜料墨滴的复杂行为，得先从物理学和化学开始。刻刀是比毛笔更原始的工具。另一方面，毛笔书写比凿刻更为舒适。刻刀在结构上比毛笔简单，在功能上比毛笔复杂。这就是进步的标志：

事物在结构上变得复杂，功能上才会变得简单。（这也是"写入"先于"写上"的明证。）

　　人们用毛笔涂写而不是用刻刀凿字，是为了更轻松、更快地书写。书写速度是"写入"和"写上"的基本区别。人们拿起笔刷或羽毛笔（天然的笔），就像有羽毛、有翅膀、在飞行一样。然后将羽毛倒转过来，用它的羽梢可以更快地书写字迹。（顺便提一下，这种倒转羽毛笔的动作，这种反东方的、西方式的姿态，值得仔细研究。）在羽毛笔之后，出现了越来越快的书写用具：圆珠笔、打字机和文字处理机——越来越快的羽毛笔。西方的书写者是有羽毛的动物。

　　"写入"是费力的、缓慢的，并因此是出自深思熟虑的文字。它们是"纪念碑"〔Monumente，来自拉丁文"monere"（思考）〕。"写上"是匆忙投向对象表面的文字，目的是将消息传递给读者。它们是"文件"〔Dokumente，来自拉丁文"docere"（教导）〕。"写入"是纪念性的，而"写上"则是文件性的。这种区别并不总是很明显。当罗马人用刻刀在蜡板上镌刻时，他们关心的是如何保留所掌握的想法。他们想要记录。而当僧侣们用羽毛笔在羊皮纸上费力地、深思熟虑地写下一封又一封圣书时，他们关心的是对神性的思考——为神性树碑立传。很难摆脱这样一种感觉：罗马人最好用羽毛笔写，而僧侣们最好用凿子刻。

我们的书面文献（Literatur）① 并不是纪念碑式的（就像美索不达米亚的那样）。它不要求深思熟虑。它是文档性的，是提供教导和指示的。我们的文献需要的是博学之士（Doktor），而不是智者。书写和阅读书面文献的速度都很快，这种速度为我们所徜徉的文献洪流的动力得以不断增长提供了一个解释。

羽毛笔及其后出现的各种书写用具都是渠道。无论它们是否呈管状，通常都带有黑色墨水，这些墨水又会被涂抹在通常为白色的表面上。握着笔书写的手，指挥渠道以文字符号的形式铺墨。因此，书写者是设计师而不是画家。他不是为了掩盖表面而将墨水涂抹在表面，从而使墨水产生效果；而是在墨水的颜色和表面的颜色之间形成对比，从而使符号变得清晰明确（白纸黑字）。这样做的目的不是产生表象，而是为了明确无误（只有一种方式可读）。书写并不表达巫术的、凝练的思维，而是递推的话 19E 语（diskursive）②、历史的思维。

书写者是放置符号的人，是制图员，是设计师，是符 22D 号学家。事实上，他是个动作很快的制图员。他的绘制过程被称为"速写"（skizzieren），这个词来自古希腊语词根

---

① 本书用"书面文献"或"文献"来翻译 Literatur。
② diskursive 有"依照一定方法，从概念到概念递推"之意，同时又是 Diskurs（话语）的形容词形式，故而翻译为"递推的话语"。

σχε-①，意思是"抓住"。与"写入"不同，"写上"的是草图，是图式性的。它们传达出匆忙而缺乏闲暇的感觉，这种感觉属于带羽毛的书写和阅读。任何文学批评都应从其考察对象所具有的这种匆忙的特征入手。批评通常不会这样做，因为通常从文字本身看不出它们是被匆忙拼凑而成的。恰恰相反，正因为不可能一气呵成地写完，我们会发现其中有许多地方出现了中断和停顿，看起来是为了引人思考。将"写上"书写中这些不可避免的孔洞（"间断"）纳入考虑，是非常重要的。

羽毛笔必须一再移出纸面，以浸入墨水瓶中。即使是技术相对先进的打字机，也必须不时更换色带。无论多么先进的墨水都不能例外。即使是要覆盖的表面也不是没有限制的，因为当前一页写满时，就必须插入新的一页。只有当电传打字机取代了"写上"时，不间断的书写才在技术上有可能实现。

然而，即使克服了物质上的、客观的书写障碍，也不可能实现连续不断的书写。正字法规则（无论是逻辑规则还是句法规则，或者就字母表而言，也包括语音的和音乐性的规则）是"运算"（Kalkulation）②；也就是说，它们要

---

① 确切来说，来自原始印欧语推测的形式 *segʰ-，其意思是"抓住"，在古希腊语中的对应动词是 ἔχω。
② 本书用"运算"对译"Kalkulation"（calculation），"计算"对译"Komputation"（computation）。

求符号之间有间隔（Intervall）。这些间隔必须插入单词、句子、段落和章节之间。由于书写符码本身是颗粒状的（"明晰的"），因此"写上"的姿态总是"断奏"（staccato）。

书写的姿态既急迫又停滞，这又反作用于书写者的意识。它结构化了"历史意识"。我们的书写（和思考）的确是匆忙的、图式性的（用以迅速导向将来的句点），但我们的书写（和思考）是气喘吁吁的。我们总要停下来喘口气。在"写上"式的书写和以这种方式进行书写的思维之中，有一种内在的辩证法，这种一方面被紧迫的冲动所追逐，另一方面又被迫陷入强制停顿的思维，就是我们所说的"批判性思维"。我们被迫不时从"写上"之流中起身，以批判性地俯瞰被写下的文字。"写上"是一种批判性的、反复中断的姿态。这类紧急状况渴求判断。对"写上"适用的，也适用于所有历史。

"写上"既急迫又停滞，既是图式的又是批判的，这让人深刻地洞察到一种指向线性形式的思维（和行动）结构。即在这种结构中，思维（和行动）沿着时间铺展，从过去冲向未来，穿过当下而不止步。这种时间在生存论上是无法维持的。因为我们匆匆而过的当下，正是我们"在那里"的地方：我们在哪里，"当下"就在哪里。因此，它是世界——同时也是过去和未来——得以实现（得以成为当下）的地方。未来是当下的地平线，各种可能性源于此，我们在当下期待着实现这些可能性，并让它们成为当下。过去已什么都不是（已经结束），除非它在当下得到扬弃。匆匆穿过当下而不作任何停留的思维（和行动），在生存论上都是虚假的。

只要人们慢慢地、花功夫、深思熟虑地书写铭文，历史导向的思维中的疯狂之处就会一直被隐藏下去。那个美好的时代缓慢而平静地过去了，那还不是真正的赫拉克利特式时代。那样的时代是可以与之共存的。但随着"写上"的发展，进步开始加速。现在，它正在飞驰。历史意识只有在人们开始"写上"之后才真正出现在路途中。这种舍弃一切现实而仅仅追求可能、舍弃一切存在（Sein）而仅仅追求生成（Werden）的做法，是无法坚持的。这就是我们在"写上"时不断被迫中断的深层原因，也使我们无法避免陷入危机。进步裹挟着我们，但我们一次又一次从中起身，为了不与现实完全失去联系，为了不变得彻底地追求进步，也就是不变得疯狂。

24D

21E　人们正开始认识到，连续的"写上"、连续且仍在加速中的进步，都与装置（Apparat）有关。举例来说，只要观察一下可视图文在终端以令人窒息的速度出现就足够了。装置并没有生存论的刹车：它们不生存，也不需要停下来喘气。因此，我们可以把进步、把历史性的思考和行动留给装置，因为它们做得更好。我们可以将自己从所有历史中解放出来，成为历史的旁观者，并对其他事物（对当下的具体体验）敞开心扉。

文字这一符码并不适合观察或静观。图像更为合适。我们正准备将"写上"（乃至整个书写）留给装置，而将注意力集中在制作和观察图像上。我们就快迁徙到"技术图像的宇宙"之中，以便从那里纵览装置自动"写上"的历史。但这种迁徙是一个极其复杂的过程。书写不容易超越。首先，因为我们思考的图像以历史（装置）为养料；其次，因为这些图像对历史（装置）进行编程；第三，因为这些装置的书写方式与我们不同，它们使用其他符码。由装置书写（和制作）的历史是另一种历史。它不再是字面意义上的历史。迁徙到技术图像的宇宙是一个复杂的过程，这主要由于它遇上了文字思维和字母。

"写上"首先是文学的、字母的文字，其中也可能出现阿拉伯数字等其他文字符号。在我们费尽心力地移居到一个由技术图像组成的后字母的宇宙之前，我们必须先对 25D
字母加以沉思，然后再对其进行否定，使其退出历史舞台（ad acta）。

4

字　母

23E/26D 几个世纪以来，我们在线性地进行记录的过程中所采用的字母数字符码，是各种符号的混合体：字母（表示声音的符号）、数字（表示数量的符号），以及若干不定数量的表示书写游戏规则的符号（如句号、括号和引号）。这里列出的每一种符号，都要求书写者以与之相对应的方式进行思考。书写方程需要一种与书写逻辑规则或语言文字不同的思维方式。我们在阅读和书写这些异质符码时并没有意识到必须进行思维上的跳跃，只是因为我们顺服地跟随看似平滑的字行。在此成为问题的是，在字母数字符码中具有标志性的字母，所对应的思维方式是什么。毕竟，文字作品被称为"文献"（Literatur，意指大量的字母），而人们也谈论所谓的"文学"（字母的）遗产。

附：数字

打字机的结构将符号排成行。由此产生的顺序适合字母，但不适合数字——这证明在字母数字符码中，数字已为字母所侵犯。实际上，通过某些特殊的技巧，打字机可以重现数学方程或物理学中的复杂公式，但我们不难发现，这些符号只有经过努力、借助强力才能形成字行。字母对数字的侵犯，涉及文字思维对数目（numerisch）思维的侵犯，也就是说，它涉及为字母数字符码所承载的西方思维的一个重要方面。

因为字母是口语语音的符号，所以字母文字就是对声学上言说的记谱（Partitur）：它让声音变得可见。相反，数字则是理念的符号，是用"内在的眼睛"看到的图像（"2"是表示两个事物的心理图像的符号）。当然，数字也可以指示非常抽象的图像，只有经过训练的眼睛才能读出所意指的图像。因此，字母编码了听觉的感知，而数字则编码了视觉的感知。字母属于音乐领域，数字属于表演艺术领域。事实上，神经生理学表明，字母和数字会调动大脑的不同功能，大脑的两个半球会根据阅读的是数字还是字母而表现出不同的行为。字母数字符码似乎在大脑中产生了一种错位，导致字母成功压制了数字。

字词（λóγος）与图像（εἶδος）之间的辩证关系不仅出现在字母数字符码内部的张力中，它在由字母数字符码编码的文本中尤为明显。例如，在一页科学文本中，人们会看到字母构成的字行被数字组成的岛屿打断。人们的视线从左到右依次扫过字行，然后在数字岛屿处停住，并在此逗留旋转。这些字母要求将接收到的消息转化为大脑中可以听到的东西：以线性递推话语的方式。另一方面，眼睛本身可以看到数字岛屿（"算法"）的含义。它只需要顺着连线，连接起算法的各个分立元素。因此，读字母是一维运动，而读数字则是二维运动。字母是关于递推话语的，而数字是关于事态（Sachverhalt）的。因此，一页科学文本与一页图画书有着相同的结构和功能。字母组成的字行描述（beschriben）了算法（图像），而图像则描绘（illustrieren）了字行。科学文本中的数字岛屿应被视为特别抽象的、服从于递推话语支配的图像。

28D　　　但这并不是当代艺术批评所持有的观点。艺术批评家不承认科学算法是艺术作品——他们可能没有经受足够的训练，来认识这些构造物所蕴含的想象力（Kraft der
25E　Imagination）。当代艺术批评不仅对科学方程视而不见，对科学的字母字行也充耳不闻。因此，我们尚不习惯在科学文本中识别出巴赫的赋格曲流淌在蒙德里安的形式里。我们不习惯将任何美学标准应用于科学文本。即便这种对科学的批判本该在认识论方面颇为多产。它可能会以如下方式进行：

　　　科学文本不同于巴赫的赋格曲和蒙德里安的图像，主要在于它提出了一项要求（Anspruch），以指涉"外在"的事物（如原子粒子）。它求"真"，要与"外在"的事物相称（adäquat）。这里面临一个在美学认识论上可能令人困惑的问题：文本中什么才真正地与外在的东西相称？是字母还是数字？是听觉还是视觉？是字母的、描述事物的思维相称，还是图像的、对事物进行计数的思维相称？是否有些事物更愿得到描述，而另一些事物则需要计数？是否有些事物既无法描述，也无法计数，从而科学对它们而言并不相称？还是说，字母和数字就像我们撒下的渔网：为了捕获事物，而与此同时也让所有不可描述和不可计数的事物逃脱？甚至，字母和数字之网本身，是否实际上乃从一团无形的混沌（Brei）中形成了可描述和可计数的东西？最后一个问题表明，科学与艺术并无本质区别。字母和数字的作用就像雕塑中的凿子，而外部现实就像科学雕刻世界图像（Weltbild）的大理石块。

　　然而，用这样一种美学认识论的批判来对待科学文本，远没有乍看之下那样容易。如果可以将字母规则（"逻辑"）归结为数字规则（"学识"，μάθησις），那么这 29D 种批判才可能得到接受。因为那样的话，我们就可以说，字母和数字（听觉和视觉的感知形式）具有相同的基本结构，而且这种基本结构在某种程度上与外在事物相称。但遗憾的是，将逻辑完全还原为数学已被证明是不可能的。哥德尔已经证明了为什么甚至不可能进行此类尝试。[1] 必 26E

---

[1] 指哥德尔的不完备性定理。该定理指出："任何逻辑自洽的形式系统，只要蕴涵皮亚诺算术公理，它就不能用于证明其本身的自洽性。"

须承认，基于我们感知器官和中枢神经系统的组织方式，我们注定要生活在至少两个无法统一的"现实"中：字母中的听觉现实和数字中的视觉现实。很显然，科学文本试图通过让眼睛从属于耳朵来弥合耳目之间的这一根本分歧。这是一个极为棘手的认识论主张。

与此同时，数字开始摆脱字母的束缚。我们正在见证一场让眼睛优先于耳朵的革命。到目前为止，耳朵仍然占据主导地位，而音乐则是我们为我们所做的一切加以辩护的最佳方式。

最能体现目前变革特点的工具是计算装置。计算机似乎正在缓慢（而不可阻挡）地取代人类的一项又一项智力功能：计算、逻辑思维、决策、预测。在这一计算工具的影响下，科学正在描绘一幅由可数的鹅卵石算珠（calculi）① 组成的世界图景，就像一幅马赛克画，不但在无生命的自然层面如此（原子粒子），而且在有生命的层面也是如此（基因）。甚至社会也被视为一个马赛克拼贴，其中的构件（个人）根据可计算得出的规则相互联系而又分离。我们自己的思维也被理解为对可量化元素的运算。曾经被视为过程性的、波浪式的、线性的事物，现在被分解成粒子元素，并计算成曲线，然后可被投射到任何方向

---

① Calculus 的复数形式。Calculus 最初的意思是"鹅卵石"，后因鹅卵石用于计数而有"计算"之意，后又有"微积分"的意思。

（如未来）。当面临一个问题时，无论是物理的、生物的、30D社会的，还是心理的，我们不再试图去描述它，而是将它绘制成图表。我们不再用字母思考，而是用数字思考；不再用耳朵思考，而是用眼睛思考。我们继续使用名字而非编号，应该只是一个过渡阶段。

然而，这并不意味着我们就进入了数字符号的领域。正在走向前台的数字世界已不再是毕达哥拉斯派所颂扬的神性世界。它更加原始（primitiv），也更加死板。当数字（Zahlen）从字母数字符码迁徙到数字符码（digitale Codes）27E后，它们的表现就有所不同了。它们不再是复杂而富于创造性想象力的算法孤岛，而是可以被随意挑拣的数字堆。即使像十进制这样简单的排列数字的方式，也已被幼稚的二进制取代。数字世界的原始化，可以归因于进行计数的是人工智能，而不是人类智能。这些智能体更笨，但速度更快。它们无法进行我们几个世纪以来发展出来的优雅数学操作，然而它们也不需要这样做。因为所有那些数学操作的目的，都是缩短进行大量数字相加所需的时间，但人工智能的加法速度接近光速。

计数的原始化已被推向极致，这一点对于理解数字革命至关重要。计数，以至对数的操作，是可机械化的，而关注那些可以交给机器处理的事情，则有失人类尊严。"新人类"站在数字之上，而不是数字之下。他坐在计算机前，向它发号施令。他不再将数字神圣化，而是与之玩耍，数字也服从于他。这种对数字的态度并不新鲜——算珠、骰子等玻璃珠一类的游戏一直存在——真正新到让人惊叹的是，我们面临的游戏策略是全新的。有了机械操纵

31D 的数字，我们就可以用这样的方式进行游戏，将数字转化为一种支撑和跳板，服务于全新的想象力（Einbildungskraft）。我们目前还不精于此道，但几个例子可以让人猜想这种数字游戏所蕴含的可能性：

我们可以命令计算机在屏幕上以可变的色调显示出圆锥体，然后让它们转动、碰撞、相互纠缠，甚至像琴弦一样进行声学振动。我们可以命令计算机将"圆锥体"的概念提升为体验（Erlebnis）。或者，我们也可以命令计算机

28E 将物体的表面散作粒子，并把玩这些粒子（这张线网），让屏幕上出现曾经被认为"不可能"出现的物体。简而言之，我们可以命令计算机将过去不可能的事情变为现实（创造性地发挥作用）。或者，我们可以命令计算机将那些不透明的、因此无法表象的方程（如分形）在屏幕上可视化。也就是说，我们可以命令它把完全抽象的东西变成具体可感的东西，并通过它来冒险般地扩展我们的体验。

现在，数字开始从字母的压迫中解放出来，计数也将变得可机械化，想象力也就得以展现。经过几百年来对其清晰性和明晰性的洗礼，数字现在可以为创造性的想象力服务，这是前所未有的。我们的体验、认知、价值观和行动都将因此得到不可估量的拓展和深化。然而，这种乌托

邦式的自由、精确、清晰且明晰的创造性眼光，面临着一些挑战。首先当然是我们自己的思维范畴，它让我们不敢冒险。

当看到显示器上的新图像时，我们会谈论"计算机艺术"，仿佛我们关注的只是一种制作图像的新技术。通过使用"艺术"这个范畴，我们封闭了自己通向这些图像的道路。电脑（键盘）模拟了大脑的过程。这些闪烁的图像几乎是无中介的——如果说"无中介"对人类这种异化的存在（entfremdetes Wesen）有什么意义的话——它们是从大脑向外部投射的图像。因此，将这些公开化的、已经变得十分精确的梦境称为"艺术"是一种误导，除非补充做出如下说明，即所有以往的艺术都只是在犹豫不决地接近这些图像。然而，即使这样理解，艺术的概念也是一个绕过这些图像的范畴。迄今为止，大多数计算机图像都是在科技实验室，而不是在本雅明所谓"光晕"照耀下的艺术家的工作室里制作出来的。实验室制作的图像至少与"计算机艺术家"制作的图像一样具有强烈的美学冲击力。这些图像无视"艺术"范畴与"科技"范畴之间的界限。科学被证明为一种艺术形式，而艺术则被证明是科学知识的源泉。

这并没有解决我们所继承的不完善范畴的关键特征。因为，如果眼睛（以数字的形式）开始比耳朵（以字母的形式）占主导地位，那么在理论上和实践上都可以用数字来操纵（数字化）听觉感知。所谓的计算机音乐只是其中的一个雏形。数字将很快使声音可见、图像可听。"电子混音"只是在此方向上迈出的第一步。事实上，我们已经可以预见音乐与视觉艺术之间界限的瓦解，甚至受到数学的统治，这些早已能够预见。"作曲"（komponieren）是"计算"（komputieren）的同义词，早在毕达哥拉斯的年代，里拉琴就已经与三角形紧密关联。

这个乌托邦浮现在我们不信任的眼睛里，浮现在屈从于眼睛的耳朵里，在这个乌托邦中，数字从柏拉图式的天堂迁移到人工智能，为我们的想象力服务。这个乌托邦并不新鲜，而是至少和古希腊人一样古老。在其巅峰时刻，古希腊人把"音乐和数学的技艺"作为获得智慧的手段。这种乌托邦、这种方法、这种技艺现在是可以实现的——33D 虽然我们并不一定会实现它。我们可以对任何过程进行粒子计数，将其运算成曲线，然后将曲线投射到未来［"未来化"（futurisieren）］，甚至，如果我们愿意，还可以使其产生声学上的振动。但是，也要考虑到，偶然事件会以近乎确定的概率，使这条曲线无法按照我们所投射的方式运作。在阅读上文的思考时，应带有这种保留意见。

字母是我们拥有的最古老的文化素（Kultureme）之一。自字母发明以来的三千五百年间，它们的原形已屡遭变形，但仍然清晰可辨：字母 A 中有闪米特字母"牛头"

（aleph）里的两只角，字母 B 中有"房屋"（beth）里的两个穹顶，字母 C 中有"骆驼"（gimul）的驼峰。字母是公元前一千多年前在东地中海地区发明字母的人所看到的文化场景的图像。它们是牛、房屋和骆驼等事物的象形文字。由于这些字母如此古老，德语中使用了古老的"Buchstaben"一词而不是"Buchenstäbe"[①]，尽管它们来自闪米特地区，而不是日耳曼民族的山林（Buchenwald）。

我们不再使用字母作为古老事物的象形文字，而是将其作为大致接近闪米特语中命名这些事物的词的第一个音的符号。但是，为什么我们在书写时要让口语的声音清晰可见呢？当我们想在纸上用文字记录想法时，为什么要绕这么大的弯子去写口语，而不是像中文或一些新的计算机符码那样，用符号来表示想法，也就是使用表意文字呢？写"2"不就比写"zwei"[②] 容易得多吗？发明字母的古叙利亚人一定是出于某种重要原因，才在思维和文字之间插入了口语这样一个悖谬性的符码。我们可以对此加以追溯。

这里不追踪文字从象形文字经图片谜题到字母的曲折发展路径。问题的关键在于原因：是什么促使人们通过口语来进行字母书写？这不是一个历史问题，而是非常当下

[①] Buchstaben 是 Buchstabe（字母）的复数形式，在构词法上，把 Buchstabe 视为一个整体，即它是单纯词。Buchenstäbe 一词则是将 Buchstabe 强行拆分成 Buch（书）和 Stab（棍棒）两部分而得出的复数形式，即把它视为一个复合词。一般认为，单纯词要比复合词来得古老。

[②] 德语中的"二"。

的问题。在这个问题中，我们认识到了我们所面临的抉择：放弃字母，转而使用一种不再属于语言的符码。

字母是对表意文字书写的明确否定。尽管表意文字有很多优点，但必须使用字母书写。

表意文字是"理念"（Idee）的符号，是用内在的眼睛看到的图像。然而，对图像的保存正是书写所要避免的。书写的目的是解释图像，而且要把它们消除。象形的、表象的、想象的思维要让位于概念的、递推的、批判性的思维。必须用字母而不是表意文字进行书写，才能以灭绝偶像的方式（ikonoklastisch）思考。这就是语言发音得以记录的原因。

在言说中，人们"就"（über）[1] 表象和形象展开谈论，这样做，就是置身于想象性的思维之上，居高临下地说话。作为对口语的记谱，字母允许我们建立并规训那种通过言说达成的对图像的超越。人们用字母书写，是为了保持和扩展高于图像的概念意识的层次，而不是像文字发明之前的言说那样，不断回落到形象思维（bildhaftes Denken）中去。

我们知道，字母已被证明是一项卓有成效的发明。它

---

① 弗卢塞尔给介词 über 加上了引号，以凸显它作为"在……之上"的另一层含义，类似于英语中的 over 一词。

使得那些在非字母领域从未实现过的话语得以可能：希腊哲学、中世纪神学、现代科学的话语。没有字母，就不会出现这些话语，因为它们是概念性的、批判性的，脱离了表象并与之越来越远，变得越来越抽象，越来越难以设想。然而，字母显然无法抛弃表意文字。现代科学的话语 离不开数字。尽管表意文字是图画的符号，但它们可以达到与语言绑定的思维所无法企及的抽象程度。这就带来一个问题，字母作为"纯粹的"概念思维的符码，是否真是一种幸运。也许，将思维束缚在语言上，抑制了我们非凡的抽象能力，以至于这种能力只能在数学和符号逻辑领域得到发展。也许超越字母将为这些能力的发展提供新的领域，如合成图像。也许，如果没有字母，我们会更加强烈地破除偶像（当然，我们的文化发展也会大相径庭）。在让字母退出历史舞台的问题上，这样的考虑是有必要的。

35D

说字母的发明是为了书写概念而非理念，并不能说明一切。因为如何解释语言的漫长迂回呢？口语本身似乎呼唤着得到记录——与其说记录在说话者和听话者的记忆中，或者在唱片或磁带上，不如说是以书面的方式。口语看似几乎是自己冲向文字，成为书面语言，从而达到完全的成熟。在字母发明之后，口语似乎成了书面语的准备，而发明字母则是为了先教会人们如何正确地说话。

32E

今天，我们几乎无法接触到前文字时代的言说。即使在托儿所和文盲群体中，文字也已渗透了语言。不过，我们可以重建文字发明之前人们说话的方式，也就是"神话地"（mythisch）说，"神话"在这里的意思是"闭着嘴"，因为它的词根来自拉丁文的"mutus"（哑巴）一词。

从我们当代人的角度来看，那时的人们口吃、结巴。他们已经产生了话语（如果我们所说的"话语"是指声音从一个人的嘴里流进另一个人的耳），但它无所指向。这不是真正的递推话语：它们会遇到障碍（反驳），向后退去，转一个圈，最后在沉默中结束。自浪漫主义时代以来，我们已经习惯于在这些神话的低语中寻求智慧，不用说，我们也找到了智慧。从另一个角度来看，那个时代的人喋喋不休。

在字母表的帮助下，神话式的喋喋不休得以理顺，可以沿着一条清晰的直线字行走向感叹号、问号或句号（而不是在原地打转）。这样，它就可以开始提出适当的问题、下达适当的命令、恰当地展开叙事和解释。字母表的发明是为了用逻辑言说取代神话言说，从而用逻辑思维替代神话思维，以使人第一次能够用字母来"思考"。

当儿童和文盲初次使用字母符码时，他们首先学习的是拼写，而不是阅读。他们学习符号是为了能够从符号跳入所指，跳入口语。他们从一开始就学习正确地说话。一旦学会，口语就成了他们借助符号来接近的一种现象。他们不再想到什么就说什么（这留给侃大山的人）；他们说的是书面德语、牛津英语、百科全书派的法语或但丁的意大利语。他们正确地说话。

字母并不是将口头语言写下来，而是将其写上去，将其提升、把握，将其按照规则加以整理。通过这种方式，字母也对语言的含义，也就是思维，加以规制和整理。因此，对那些能够书写的人来说，口语不仅仅是他们表达（ausdrücken）自己的媒介（就像对文盲和儿童而言的那样）；语言成了材料，他们将它按压（drücken）到字母表上，从中挤压出字母来进行表达。简言之，他们处理（bearbeiten）语言。只有当语言不再是一种手段（"媒介"），而开始成为一种目的时，用字母书写的本质才会显现出来。

37D

书写者迫使口语适应书写规则。语言不依不饶。每种语言都根据自己的特点进行自我防卫。德语是滑溜的，英语是易碎的，法语是虚情假意的，葡萄牙语是狡猾的。书写者的语言工作是对语言的强暴，当他掌握语言时，语言会扭曲、滑落、破碎，并诱惑他。用字母书写的基调就像是恋人之间的争吵，书写者与语言之间爱恨交织（odi et amo）①。在这场争吵中，语言的能力得以彰显：它的能力超出了此前的预期。

不幸的是，文学评论，尤其是浪漫主义文学评论，放

---

① 罗马诗人卡图卢斯（Gaius Valerius Catullus）《歌集》第 85 首，这是他写给恋人莱斯比娅的诗的首句。

任自身被书写者沉浸于争斗中的狂热裹挟。事实上，书写者内心所发生的事情，用冰冷的文字无法准确表达。书写者将字母这些死标记压在语言的活体上，让它们吮吸生命，然后看吧：这些吸血鬼在他的指下拥有了自己的生命。难怪他会感到生命的能量已经耗尽而昏厥过去。文学评论讨论的是书写者在语言上具有创造性的工作。

34E   从信息论的角度来看，书写的过程可以得到某种不同的描述，譬如，字母表迫使语言戴上正字法规则的枷锁。这样，语言就被扭曲了，呈现出原本不概然出现的形式。"不概然"是"信息丰富"的同义词，因此可以说，字母写作在逾三千五百年的时间里不断从语言中汲取新的信息。自文字发明以来，它一直在雕琢凿刻我们所能使用的每一种语言，总是试图将新信息呈现出来。因此，这些语言已经成为极其精细和宝贵的工具。没有一个书写者，能够遇到未经无数人强暴的语言。在与语言的爱恨交织中，书写

38D 者对前人的信息进行重新加工，从中产生新信息，并将其传递给后来的书写者，使他们也能从中产生新信息。书写是数千年来不断产生新信息的话语过程，每一位书写者都对话性地参与其中。即便这不是字母发明者的本意，字母的发明也以这些方式引发了这种话语。

对字母发明背后隐藏动机的探究似乎导向了两种不同的答案。一种答案认为，发明者意在破坏偶像崇拜：书写

不是表示图像（也不是表意文字），而是表示声音，这样意识就可以从依附于图像的巫术思维中解放出来。另一种结论则认为，发明者的意图是构建一种线性话语：书写是为了表示声音，这样就能导向连贯的、合逻辑的言说，而不是神话的、循环的低语。然而，仔细斟酌之后，我们会发现这两种答案说的是同一件事。

　　字母的发明者将制造图像和讲述神话的人视为敌人，他对两者不加区分恰恰是正确的。图像制作和图像崇拜（巫术），就像黑暗、循环的低语（神话）一样，是一枚硬币的两面。发明字母的动机在于取代巫术—神话（"史前"）意识，为新的意识（即"历史意识"）腾出空间。字母是作为历史意识的符码而得到发明的。如果放弃字母，那肯定是因为我们自己正努力超越历史意识。我们厌倦了进步，而且不仅仅是厌倦：历史思维已经显示出其疯狂和残暴。这才是我们准备放弃这种符码的真正原因（而不是因为字母在技术上的缺点）。

5

文 本

在与口头语言的斗争中，字母表中的字母（基本上只是死物，是为了将神话所承诺的巫术编织成字行而发明的）将语言的生命吸入自身：字母是吸血鬼。由这些变得鲜活的字母构成的字行，被称为"文本"。从词源学上讲，"Text"（文本）是织物的意思，"Linie"（字行）① 是麻线的意思。但文本是未完成的织物：它们由线条（"经线"）组成，并不像完成的织物那样由垂直线（"纬线"）固定。书面文献（文本的宇宙）是半成品，它寻求完成。书面文献是面向接收者的，它要求接收者将其完成。书写者编织的丝线，将被接收者拾起，并将接收者自身编织进去。只有这样，文本才具有意义。有多少读者，文本就有多少意义。

名言"书有书的命运"[habent（sua）fata libelli] 一语

---

① 同英语中的 line 相似，Linie 既有"字行"的意思，也有"线条""直线"的意思。读者应当注意到，作者经常利用这一双关，从而使字行（直线）与圆圈构成对比。

只能用来粗略说明这里的意思。这并不是说，书写者将力量传递给他的文本，让文本根据其特定的动力发挥这些力量；而是说，文本将被发送出去以得到完成。因此，文本"没有"命运，它"就是"命运。换句话说，文本是"有"意义的，而这种意义只能由每个读者以各自的方式加以利用（解释）。文本的解读方式越多，其意义就越丰富。亚里士多德的文本之所以有意义，是因为它们对亚历山大时代的读者所具有的意义，不同于对托马斯·阿奎那、黑格尔、伽利略或20世纪历史学家的意义。文本在接收者那里完成它所"是"的命运〔也就是它所是的消息（Botschaft）〕。文本在未被接收和阅读时，不过是毫无意义的一行行字母，它们只有在得到阅读之后才有意义。

奇怪的是，人在书写时，并不总是意识到文本是一种媒介这一事实（它是一座桥梁，既由发送者支撑，也由接收者支撑）。有些书写者忘记了，文本在结构上就是面向他者的，就其本身而言毫无意义。书写时忘记他者，是因为忘记自己。书写者以字母为武器，与负隅顽抗的语言作斗争。他要掌控语言——以此来掌控语言所意味着的东西，也就是他的思想、感受、想象和愿望。这种斗争让人全神贯注，使他忘记了自己，也忘记了所有他者。书写是一项令人陶醉的事业。事实上，那些在自我忘却中写下的文本是我们所拥有的最重要的文本之一。这是一个内在于书写的矛盾，等待我们处理，而除此之外，此类矛盾还有无数个。

让我们区分两类文本。一类是"交流性的"，进行告知和传递。另一类是"表现性的"，是表达的，在压力下书写的。第一种类型的例子是科学通讯，第二种类型的例子是抒情诗。这些极端的例子可能会误导我们将书面文献分为两个分支，一种有意识地寻求被阅读，另一种则没有意识到这种意图。但是，下面的观点反对这样的文学①批评：大多数交流性文本都希望轻松地得到接受，易于阅读。因此，它们必须是"指称的"（denotativ），也就是说，它们必须传递含义单一的信息。因此，任何读者都会对文本做出同样的解读。科学文本，尤其是那些大量使用数字符号的文本，很轻松就能得到接受，即使在没有经验的读者看来很"难"。它们的难点不在于文本，而在于必须事先学习的编码方法。可是有些文本看似科学，实则"晦暗"。人文学科中的一些文本尤其如此。这里提出的批评将能够从形式方面表明，那些文本并不科学，只是把自己伪装成科学而已。

相比之下，表现性文本不关注接收者。它们可以容许阅读上的难度。它们可以是"蕴含的"（konnotativ，晦暗的），也就是说，它们可以传递多重含义。其结果是，每个读者都能以不同的方式解读这样的文本。因此，表现性文

---

① 这里的"文学"是一个宽泛的概念，包含各种类型的"文献"，而不限于狭义的"文学"范围。

本是否比交流性文本更有意义？这里提出的文学批评将被迫得出一个自相矛盾的结论，那就是未意识到其交流意图的文献分支所传递的消息更有意义。

但是，我们没有必要再继续遵循如上所作的文献分类。有意识地出于交流目的而写成的文本同样可以具有非凡的内涵。西方的基本文本《圣经》就是这样的一个例子。《圣经》是一部旨在让任何读者都能接受，并以各自的方式进行解读的文本。它对所有人说话，以每个人自己选择的方式对每个人说话。它是命运，也想成为命运。同时，《圣经》是在压力下写成的，具有表现力。从这个意义上说，它是所有文本的典范，因为它是在忘我的状态下，在对他者的意识中写成的。这种意识延伸之广，以至于《圣经》的希伯来文"原始文本"几乎就是为了不断得到他人翻译而编排起来的。因此，七十子希腊文译本、武加大译本、詹姆士王译本和路德版《圣经》的命运，也可以说是许多已经失传的原始文本的命运。西方命运的展开，同《圣经》文本的历史所展示的一致，可以作为思想史结构的模型。它挑战了传播理论中人们熟悉的命题，即"传播（kommunizieren）得越广，所传递的信息就越少，而需要传递的信息越多，传播起来就越困难"。

文本是半成品。它们的字行冲向句点，但又越过句点，冲向读者，希望读者能完成它们。无论书写者是否意识到这一点，甚至无论他是否像卡夫卡一样明确拒绝读者 40E

将其完成，文本都是对他者的追寻。当然，我们可以根据不同的标准来划分文本的宇宙，但所有文本都同样是伸出的手臂，充满希望或绝望地试图被另一个人接纳。这正是书写的姿态所具有的基调。

在我书写时，我为谁而在？在文字主导的社会，这是一个政治问题：在这样的社会中，书写（和出版）文本是真正的政治姿态。所有其他的政治参与都源于文本，并服从于文本。如果我们在文本的宇宙的具体语境中（而不是在"真空"中）提出上述问题，就会清楚地看到，我，一个书写的人，并不是为了所有人而存在，而是为了我能够接触到的受众而存在。那种"我为所有人书写"的幻想不仅是狂妄自大的，也是虚假政治意识的表现。书写者所能触及的，只有那些通过文本的传播渠道能够取得联系的读者。因此，他不是直接写给他的读者，而是写给他的中间人（Vermittler）。书写者从一开始①就为他的中间人而存在，这里的"从一开始"应从字面上理解：从第一行到最后一行，文本都是为中间人而写。整个文本都浸透着这一事实，即它从一开始就是为一个中间人而写。任何文学批评都不应无视这一事实。中间人不是位居文本之外，而是处在每一个文本的中心。自印刷术发明以来，中间人通常

① 原文为 in erster Linie，字面意思是"在第一行"。

是出版者。

出版者是文本流中的一个格栅，其职责是阻止大多数文本付梓。我们目前身处其间的大量印刷文本，只是未能通过格栅的、粉身碎骨的文本的冰山一角。

文本是一种有意识或无意识地想要留下印象（Eindruck）的表达方式。未付印的文本是给出版者留下不良印象的表达。它们没有通过出版者的标准（格栅上的孔洞），因而没能保全性命。"留下不良印象"是指没有达到交付印刷的标准。这就提出了审查标准（格栅的构建方式）的问题。

尽管我们随处可见自动化审查装置的雏形（例如，在大众传媒的编辑部），但出版者至今尚未成为自动机器。目前，出版者仍有足够的弹性来调整其标准，以适应他们想要采纳的文本。出版者和文本之间仍有对话，可以改变出版者的标准。文本与出版者之间的对话有时会改变出版标准，但同时也会改变文本。毕竟，这才是对话的本质：参与者成为他者的他者，通过改变他者来改变自己。得到印刷的文本不仅是改变了（打动了、影响了）出版者的文本，也是被出版者改变了（打动了、影响了）的文本。印刷文本是书写者和出版者握手的结果，带着两只手的痕迹。在这里，书写者的手被出版者的手抓住了。握手是最扣人心弦的动作之一，因为它既是最公开的动作之一，也是最亲密的动作之一：出版者是为了书写者，书写者是为了出版者，两者都是为了读者而在。

因此，与未印刷文本不同，印刷文本所承受的压力是双重的。它承载着书写者的表达作用和出版者的反作用。它是一个攥紧的拳头，作为一个攥紧的文本，应当将双方的意图传达给未来的读者。正如人们会不假思索地说的那样，文本的目的应该是向读者"提供信息"，不过人们没有意识到"提供信息"这一概念中的内在动力。"提供信息"意味着将一种形式（Form）压入（in）某种能抵抗压力的东西中。通过印刷文本，书写者和出版者致力于为读者提供信息，给读者留下印象：首先是书写者的表达作用，然后是出版者的反作用，接着是印刷机的压力，最后是给读者留下的印象。这就是文本的印刷术动力。

44D

42E

但仍有一个问题，即这种文本的动力在铺天盖地的文本泛滥面前是否已经陷入空转，而这种空转又是否构成我们放弃文字的一个原因？每天都有堆积如山的印刷品送到我们的家中，我们也在书店如原始森林般的纸张丛中迷失自我——这些肯定不再是书写者和出版者发誓要为我们提供信息时攥紧的拳头。它们似乎是出版者为麻醉我们而制作的氯仿棉絮，他们费心寻求适合这一目的的书写者。当代的出版业大多是为了麻痹读者，而出版者和书写者似乎不过是这一麻痹事业的从业者。而且，在可预见的未来，他们将被自动装置取代：出版者将被程序化的格栅取代，书写者将被文字处理机取代，直到最后将字母表视为低效的符码而将其抛弃，社会将完全由带有声音的程序化图像来提供信息（麻痹）。换句话说：面对文本泛滥和信息革命，书写、出版、印刷和阅读由字母数字构成的文本还有意义吗？

这里的问题所涉及的关键，是拳头的紧握有可能穿透麻醉棉絮。这是一个美学问题。古希腊语的αισθέσθαι①意为"感知"。问题在于，在现在和未来，信息性的文本还能否得到感知，书写者和出版者是否还有可能合谋反对日益自动化的麻醉产业。这种反对麻木、支持信息的合谋，这种将文本从古登堡时代带入电磁时代的攥紧的拳头，是我们从奥卡姆剃刀中了解到的一种策略。只有那些服从剃刀的文本才能穿透。文本被攥得越紧，就越容易在软件的棉絮中得到感知。

奥卡姆剃刀的意思是：如无必要，勿增实体（entia non sunt multiplicanda praeter necessitatem）。它是剔除非必要——如今所说的冗余——的工具。出版者对书写者表达的反作用就像奥卡姆剃刀一般雷厉。未发表的文本和已发表的文本之间的区别是显而易见的：前者会被送上断头台，后者则取得胜利。

尽管存在着针对文本的屠杀，我们还是面临大量文本

___

① 即 Ästhetik（美学）一词古希腊语词源的动词形式。anästhesieren（麻醉）一词与之同源，其词头"an-"表示否定。

的充斥。出版者的断头台已被证明无效。奥卡姆剃刀提供了更好的出版者标准（格栅上的孔洞），适合从印刷术时代到电磁时代的过渡期。简而言之，这些标准是：文本越短越好，越简洁越好。这是一个"信息"的标准，非必要的成分（Unnötige）越少，单位长度上的信息就越多。文本越短，也就越真，因为一切非必要的都不真（unwahr）。爱因斯坦的方程比牛顿的方程更真，因为爱因斯坦的方程排除了"克"的概念，只考虑了"厘米"和"秒"。[①] 文本越短越好，因为一切非必要的都不好。简短的指令（法律、使用说明）比冗长的指令好，因为它们提供了更容易遵循的行为模型。文本越短越美，因为一切非必要的都丑陋。美的文本为体验提供模型，它越紧凑，所归纳的体验就越强烈。

看起来，没有什么比文本的出版发行更简单、更容易实现自动化了。文本可以被缩减到减无可减的最低限度。今天看来，任何形式的文本批判都必须同意，只有极简化的文本才有可能在信息革命中幸存下来。

不幸的是，事情并非如此简单。有些文本恰恰是通过冗余来强加信息的（例如，托马斯·曼盘根错节的离题之

---

① 原文如此。爱因斯坦的质能转换方程（$E = mc^2$）以简洁著称，但其中同样涉及了现行国际单位制下的三种单位：千克、米、秒，没有排除"克"。2018 年，基于爱因斯坦的方程并结合量子力学的研究结果，国际计量大会一致通过了新的"千克"定义，但在弗卢塞尔写作本书的时候，新定义还未得到正式讨论。

语)。但至关重要的原因在于，对奥卡姆剃刀的应用如果超过了某一临界，就会阉割文本，而不是对其进行剪裁：如果去掉大部分冗余，在大多数情况下就只剩下噪声，而没有可感知的信息了。书写者和出版者之间对话性的争斗，关乎对临界点的定位：在这个临界点上，可以得到最多的信息，而一旦超过了它，文本就开始分解为噪声。出版的决定性标准，最终目的就在于找到这个临界点。

46D

文本是话语。文字符号在其中越过句点朝向完成它们的读者。如果奥卡姆剃刀将这些话语切割开，读者将无法再接受（解译）它：文本越短，解译就越困难。从临界点开始，文本就变得难以解译。书写者和出版者之间的争斗必须将阅读的难度推向极致，并维持在这一顶点上。它必须对读者提出尽可能高的要求，但又不至于让他们不知所措。出版者的标准是读者的阅读能力。

44E

文本必须流动。紧凑的字母、单词、句子和段落必须一个接一个，没有间隙。文本的粒子必须形成波的结构。这关乎节奏，关乎多层节奏的交叠。每一层次的字母、单词、句子和段落都必须以自己特有的节奏振动，而且所有这些又必须一起共鸣。文本必须"调音"（stimmen）。统一的音调（Stimmung）必须在文本的音乐、词汇、语义和逻辑层面产生共鸣。只有文本音调协调，读者才能赞同（zustimmen）或不赞同它，才能在同情和反感之间摇摆。因此，奥卡姆剃刀不仅需要对话语进行剪裁，还需要将其重新组合成一个和谐的统一体。出版者必须对文本进行拼贴，同时又不能让读者将其视为拼贴。

文本必须调音。有两种节奏，两种音调。第一种是话语接连产生波浪。而在第二种节奏中，话语互相碰撞，水花四溅。第二种节奏可称为"抑扬顿挫"（synkopisch）。如果一篇文本不断自相矛盾，但仍能连贯流畅，那么它就是抑扬顿挫。这样的文本违背读者心跳、诱使读者陷入矛盾、违背读者的意愿而将其裹挟，从而紧紧抓住读者。这样的文本真正是那攥紧的拳头，穿透使人麻醉的媒介来提供信息。文本的内在矛盾，它抑扬顿挫的力量，是书写者与出版者之间外部矛盾的一个后果。真、善、美的文本，既简洁流畅而又充满矛盾的文本，是书写者与出版者之间创造性对话所产生的作品。它们给人们带来了一些希望，即并非所有的文本都会成为正在浮现的技术图像的宇宙的牺牲品。

书写者首先是为了他的出版者，为了与他共同从半成品"文本"中产生出一只攥紧的拳头。希望这只攥紧的拳头能跨越信息情境，抓住读者，即使在由字母和数字组成的符码过时之后，也能让读者完成文本。书写者在寻找他者，借助与出版者之间的共同点，来摆脱孤独、融入社群（即使他们并不总是意识到这一点）。在印刷术问世之前，不是出版者，而首先是教会，承担起批判文本并将其传递给读者的任务。因而当时的书写者为了寻找绝对他者而书写［"愈显主荣"（ad maiorem Dei gloriam）］。那时的读者在通往虔敬（通往文本的完成）的道路上传播书写者的文本。印刷术的发明改变了书写：将其从宗教参与转变为政治参与。

6

印　刷

　　在这里，印刷术（Typographie）与其说是一种印刷品
生产技术或字母数字信息的传播方式，不如说是一种新的
书写和思维方式。事实上，印刷术的这些方面对于理解当
前的信息革命具有重要意义（可将电磁信息视为印刷技术和
传播方式的进一步发展）。但在这里，我们关注的是一个非
常根本的问题，即是否只有在印刷术发明之后，书写者才意
识到他们在把字母排列成行时实际上是在做什么；这种对书
写的理论和实践上的掌握，是否会导向对历史意识的超越，
既然这种历史意识是在书写中表达自身的；信息革命是否可
被视为写作中所蕴含的虚拟性（Virtualitäten）枯竭的结果？

　　古希腊语中的τύπος，起初是"印迹"的意思，从这个
意义上讲，沙滩上的鸟迹，可以被称为τύποι①。在另一个

---

① 即τύπος对应的复数形式。这里，作者将 Typographie 一词拆分为"typo-"和
"-graphie"两部分，讨论其词源。

层面上，这个词指的是这些痕迹可以用作对鸟进行分类的模型。最后，这个词的意思是，我自己有能力在沙滩上画出这样的鸟迹，从而比较和区分各种鸟类。因此，τύπος指的是所有鸟类足迹的共同点（"典型"）；它意味着所有特征性和个体性"背后"的共相。

古希腊语中的γράφειν，起初是"刻"的意思。从这个意义上说，刻刀在黏土上留下的痕迹就是"排印"。但我们知道，在日常语言中，γράφειν一词的意思是"书写"。48E它指的是文字符号的刻写，正是这些印记应当进行分类、比较和区分。因此，印刷术一词实际上是一个赘言式，字面上可翻译为"铭刻雕刻"（Grubengraben）或"文字书写"（Schriftzeichenschreiben）。只需说"书写"就完全足49D够了。

自从发明了文字（尤其是字母和数字组成的文字），人们就开始印刷。古登堡并没有真正发明任何东西：从这个意义上说，印刷术在大约公元前一千多年就已经实现了。当时，所有的技术要求（印刷机、油墨、书页状的材料，甚至蚀刻金属负片的工艺）都已经具备。之所以当时没有印刷术，是因为还没有人意识到绘制文字符号就是在处理各个字符类型。文字符号被视为字符（Charaktere）①。

---

① Charaktere一词同时有"字符"和"特征"的意思，在下文中，作者利用了这一双关。

"类型化"的思维还没有进入人们的意识。古登堡的伟大成就，正在于发现了随字母数字文字而发明的类型。

有一个例子，可以说明建立类型化意识的难度。中世纪关于共相的争论涉及比较的问题。当我将一张桌子和一把椅子做比较时，我在做什么？这两件物品是否有共同之处，是否可以从中找出某些典型之物？也许是它们共同的"家具性"？这是实在论的观点。或者说，我必须承认这两样东西的特征不具有可比性，我必须凭空捏造一个词（如"家具"一词），在不可能进行真正比较的地方进行比较。这就是唯名论者的观点。对于前者，典型、共相实际上蕴含在特殊性之中，是可以被发现的："共相是实在"（universalia sunt realia），持有这一观点的人因此被称为"实在论者"。对后者来说，特殊性背后什么都没有，类型只不过是我们为了便于比较而发明的一个名称："共相是名称"（universalia sunt nomina），因此，他们被称为"唯名论者"。

然而，这种争论并不完全是一个逻辑问题（即"比较"是向共同特征的回归，还是从不相似中制造出相似的诡计？）。它实际上涉及一个生存论问题。也就是说，如果共相是实在的，那么它们就必须形成一个等级明确有序的金字塔状结构。如果我可以在桌子和椅子的比较中确定"家具性"，我也一定能够通过家具和衣服的比较进入"更高"的共相，进而到达金字塔的顶端，即所有共相中的共相，也就是到达上帝。通过比较，我可以接近上帝，拯救我的灵魂，而这需要两种互补的方法：一种是通过思考，从特殊性中提取出越来越广泛的共相，并通过这种归纳法从现实的较低层次上升到较高层次，直到我最终通过思维的途径（哲学和神学）到达上帝；另一种是通过实践"工作"，从特殊性（"偶性"）中提取出共相（"本质"），并从这一本质中提取出更高的本质，直到我最终提取出所有本质中的最终本质（Quintessenz，字面意思为"第五本质"），也就是从偶性中提炼出上帝：我可以从铅中提炼出金子，从金子中提炼出处女泉、哲人石，最后提炼出上帝。我可以通过严谨的行动（如炼金术）抵达上帝，拯救我的灵魂。

如果共相不过是空洞的词语，那么所有的哲学和神学都会变成纯粹的文字游戏（flatus vocis，发声的咕哝），而所有寻求上帝的实践，如炼金术，都会变成恶魔一般。因为这样一来，我就必须承认，我一出生就被扔进的这个世界，完全是由无法比较的独特现象组成的。如果我关注它们，我的灵魂就会像被困在陷阱里一样被缠住。因此，如果我想避开魔鬼，拯救自己的灵魂，就必须从尘世苦海（Jammertal）撤退，以具体、纯粹而不言（inartikuliert）的信仰〔因信称义（sola fide）〕向神性敞开心扉。

无论史书如何记载，在现代，印刷术的发明使关于共相的争论朝着有利于实在论者的方向发展。诚然，许多唯名论者对现代哲学和科学的发展做出了重大贡献，但实在

51D 论者的口号"共相是实在"已成为现代思维和研究的基础命题。我们相信共相、类型的实在性，相信原子粒子、基因、社会阶层和种族的实在性，并试图识别和操纵它们。

50E 如果这种信念现在开始有所动摇，如果我们正在偷偷摸摸地倾向于唯名论（例如，作为实证主义者或现象学者），那是因为类型化思想已经行至穷途：它正在变得荒谬。

印刷术的发明解决了关于共相的争论，判定实在论者获胜。印刷术清楚地表明，当我们书写时（以及当我们进行以书写方式表达的思考时），我们是在操纵类型。印刷术让类型变得可以把握，并且也掌握了类型。这样，它就把柏拉图式的对理念实在性的信念（这一信念是中世纪实在论的基础）从思辨层面转移到实践层面。印刷术成为现代科学的支柱之一。

在古登堡印刷术之前，书写者认为文字符号就是能让特定口头语言中的特征音可见的字符。根据这种错误的观点，每种特定的语言都需要一个自己的字母表，因为拉丁文的 A 和希腊文的 α 是不同的音。当时有四种字母同时被使用，即拉丁字母、希腊字母、希伯来字母和阿拉伯字母，每种文字都能将相应的特征性语言以特有的方式展现出来。当时人们也已经朦胧地意识到，文字符号实际上是类型而不是特征，因此可以用希腊字母来表示斯拉夫语，用拉丁字母来表示日耳曼语，用阿拉伯字母来表示波斯语，但这种意识仍然是朦胧的：这四种字母代表的"特征性"语言被认为是神圣的。今天，尽管人们对文字的类型学有了清晰的认识，但这四种字母仍得以并存，那是因为 52D 朦胧意识的残余至今仍在抵制类型化思维。

印刷清楚地揭示了对类型的朦胧意识，从而揭示了这种思维的问题域（可疑之处）。这里将强调两个问题，因为它们揭示了这种思维的当代危机。

（1）印刷术表明，类型并不是一成不变的"永恒"形式（如柏拉图和中世纪实在论所认为的那样），而是可以建模（modellieren）、改进和废弃的。例如，由于拉丁字母表中没有德语发音"sch"的符号，所以发明了类型"sch" 51E（顺便说一句，这并不是一项十分聪明的发明）。这并没有证明"类型纯属建构"这一唯名论论点。恰恰相反，这意味着尽管真的存在类型，它们仍然必须适应特征。类型"sch"不是盘旋在我们头上某种柏拉图式的天堂中，但这并不意味着我们可以随意将其从空气中抓取出来，相反，我们被迫将它与"sch"的发音相适应。在这样做的过程中，我们才实际捕捉到它的典型发音。这就是说，"理论"的概念发生了根本性的变化。它不再意味着对永恒形式虔诚而被动的思考，不再意味着空洞的文字游戏。它意味着对越来越好的（从这个意义上说是越来越真的）类型进行渐进的建模。理论提供知识，但它们只是建构。这是科学知识的根本问题，而它的种子在发明印刷术时就已埋下。

当代书写的、历史的思维所面临的危机，一部分根源就在于人们意识到这一问题。

（2）印刷品是类型性的东西，而不是独具特色、无与伦比、独一无二的东西。一件印刷品是一个"样本"，是某一独特事物（如手稿）的众多实例中的一个。印刷品的价值不在于它是一件独特的物品（作为某张独特的纸），而在于它是一种类型。它让人感兴趣的不在于印刷相关物品（纸张、字模）的生产，而在于类型（文本）的生产。印刷品的出现抛弃了古典人类学中有关"制作的人"（homo faber）的观点。它证实了基督教将工作视为惩罚的论题。类型化，也就是对符号的操作，是"意义的赋予"，或者不如这样说：赋予信息，从印刷品的方面来看，会被视为人类值得从事的一项活动。工作，也就是生产各具特色的物品，会受到蔑视，它是一种低于人的姿态，应当交由印刷机进行。对工作的蔑视和对类型化的推崇，首先造成的影响就是工业革命，也就是机器的安装。印刷可被理解为工业革命的模型和萌芽：信息不仅要被印刷成书，还要被机械地印制成纺织品、金属和塑料。

印刷的触角延伸得更远，越过了工业革命，进入了后工业社会。它催生了当前日益高涨的对特色物品的蔑视和对类型化的、"纯粹"信息的推崇。与工作相关的所有价值重估都与此有关，对这一问题的认识是当前危机的根源之一。

随着印刷术让书写者意识到他们是在操纵类型，他们是"信息学家"，类型化的思维方式也就在文化的各个领域展开。这包括找到适合世界特征的类型，不断改进它们，然后使它们作用于世界。这种思维方式于公元前一千五百年左右在东地中海地区粗略形成。随着印刷术的出现，这种思维方式为人清晰地意识到，并在近代征服了世界。"古登堡星系"比麦克卢汉所意识到的历史更悠久，范围更广泛。

但有一些迹象表明，类型化思维的胜利——这种经过修正的实在论对唯名论时至今日的压制——并不是决定性的。唯名论再一次站出来，反对通过科学、技术、政治、艺术和哲学对所有现象进行全面的分类和类型化，他们认为所有这些都不过是"发声的咕哝"。胡塞尔的战斗口号 54D "回到事物本身"，从类型学的抽象中走出来，回到具体的实例中去，就是这方面的一个例子。这是对"进步"的质疑。因为科学、技术、经济和政治的进步——从具体事物到抽象类型的进步——正在缓慢但肯定地揭示其本身是毁灭性的疯狂，例如，奥斯维辛集中营、热核军备、环境污染，总之，将一切加以普遍化和类型化的装置，都是如此。我们开始对共相的实在失去信心，而对唯名论的尘世苦海的感受，起码从卡夫卡开始，就在我们内心和周遭凝结。以印刷为基础的思维即将被颠覆。

信息革命，也就是对符号的生产并将其定位于电磁场中，公开打断了印刷的思维方式。出现在计算机或电视屏幕上的新符号不再是镌刻在客体上的痕迹，也不再是"印刷的"。产生新信息的思维方式也不再是印刷式的、类型化的。印刷的姿态以及在这种姿态中表现出来的思维方式正逐渐过时。西方的、历史的、类型化的思维正在过时。"进步"正在过时，以至于现在的进步将成为未来的反动。尽管如此，我们中的大多数人注定要以反动的方式思考，因为我们已经打上了"镌刻痕迹"式思维方式的烙印。我们宁愿继续书写和印刷：我们以恐惧与战栗面对信息革命。

相当清楚的是，从印刷文化过渡到电磁文化，我们将失去自己作为西方人的后裔所珍视的一切。然而，我们看不到自己能得到什么。如果能够看到，我们就能迈入新思维方式的阶段。但是，通过尝试沉浸于唯名论的思维方式，比如说，沉浸于阿西西的方济各（Franz von Assisi）的生平和诗歌，我们就能感受到未来。"因信称义"？

我们可以把印刷术，这种变得具有自我意识的字母书写，看作西方的、历史的、科学的、进步的思维，变得具有自我意识的表现形式。信息革命使印刷术、字母和这种思维变得多余。它带来了一种新的思维方式，它虽可预感，但尚未得到感知。这听起来像是一种断言，但实际上是一个亟待关切而又充满希望的、指向未来的问题。

7

指 令

预知信息革命所特有的思维方式的一种方法，就是观察那些操纵装置、将新符号置入电磁场中的人。Programm（程序）一词在古希腊语中的词源相当于拉丁文的 praescriptio 和德语的 Vorschrift。①这些人是在继续书写还是在另起炉灶？当代的反动派断言，没有什么发生了根本变化，"本质"始终保持不变，他们的观点是否正确？这些人究竟在为谁书写呢？他们不是越过句点写给另一个人，相反，他们是在用装置书写，也是为装置书写。前面的讨论不是已经表明，书写的"本质"是为他者而写吗？因此，对这些人来说，书写的"本质"已经改变；这是另一种书写，需要另一个名字：编程。对于反动派来说，这不仅令人不快，而且使人恐惧。

从某种角度看，这种面对新事物的恐惧似乎并无大

---

① 三者在字面上都由表示"在前"的前缀和表示"书写"的名词构成。

碍。人们只是不再用字母书写，而是改用另一种所谓的二进制符码。人工智能太笨（也许只是暂时的），无法解译字母。虽然新的计算机符码异常简单（和人工智能一样简单），但使用起来并不简单。它们是结构上简单但功能上复杂的系统。我们中的大多数人都没有掌握它们。另一方面，我们都认识字母，而印刷术则带来了全面的、民主化的识字能力。新的计算机符码再度让我们变成了文盲。一个新的文人阶层出现了。对我们大多数人来说，新的文字作品（计算机程序）充满了谜团，类似于印刷术发明之前，围绕着字母书写的那种谜团。无法解译的东西是一个可怕的谜团。人们（如同面对《圣经》传说中两块石板前的金牛那般）跪倒在地（supplex turba），试图避开它。[①] 当然，最简单的办法莫过于揭开谜底。人们只需学会秘密的符码（在罗马人和犹太人那里是字母表，在我们这里是计算机符码）。但我们对新事物的恐惧正阻碍着谜底的揭晓。只有无所畏惧的孩子才会把学习符码当成儿戏。我们必须尝试不同的方式，使用印刷的思维方式来掌握"后印刷"的"书写"。尽管这部随笔是用字母书写的，它仍将试图消除人们对程序的恐惧。

如果将程序理解为面向装置而非人类的文字作品，那

① 典出奥维德《变形记》卷一，诗行92。

么自文字发明以来，人们就已经开始编程了。因为人们一直面向作为装置的自身而书写。人们规定了人类行为的模型，这些指令构成了西方书面文献的一条重要线索，串联起不断向前推进的话语网络。以这条线索为指导，我们可以对西方历史进行如下梳理：起初，从汉谟拉比石碑开始，这些指令被称为"戒律"；后来，随着《十二表法》的问世，它们变成了"法律"，再后来又衍生出"法令""条例"和其他形式的指令；在工业革命期间，又增加了与人们对机器的行为有关的指令，即"使用说明"；直到最后，自信息革命以来，前面讨论过的程序——对机器的指令——完成了这一发展。程序不仅是一种全新的书写方式，也是文字开始之初所建立的趋势的完成。

刚才所描述的指令线索（以及其中所阐述的西方历史）可以从不同的角度来理解，例如，可以理解为去神圣化的趋势。"戒律"（如"十诫"）是神圣的，它们有一个神性的作者。那是一种超人的权威（Autorität）[①]，使人类成为傀儡（装置）。"法律"（如宪法）即使并非上天赐予的，至少也有一个神话性质的作者（如"人民"），这个神话般的权威操纵着人们的行为。后来，人们越来越清楚地认识到，指令是由操纵他人的人制定的。"使用说明"揭示了所有指令都在寻求机器般的、自动的人类行为。这就

---

① 此处应注意，Autorität（权威）一词与 Author（作者）同源。

是为什么机器自动化程度越高，使用说明就越短，直到全自动机器的出现，使用说明变得多余。然后程序取而代之。借助程序，人类不必再接受指令，而是由装置接受指令。因此，我们可以清楚地看到，指令（以及西方历史）的目标是达成完全的世俗行为，而一旦达到这个目标，向人发出指令或操纵人群就显得多余了。他们会自动做出他们应该做的行为。

同样，我们也可以将指令的上述发展线索解读为一种对行为[1]去价值化、将其科学化的倾向（如果将"科学"理解为价值无关的思考和行动的话）。"戒律"规定的行为符合"永恒"的价值，"法律"规定的行为符合"高尚"的价值，随后的指令则趋向于价值无关，直到最后，"使用说明"只适用于功能性行为。因此，这涉及行为的去政治化和功能化，这可以从指令的句法结构中解读出来。它们从命令命题（"你应当"）转变为功能性的"如果—那么"命题。"你应当孝敬父母"的戒律变成了使用说明："如果你想喝鸡汤，就用这样那样的方式处理鸡汤罐头。"这种对行为价值的不断贬低最终体现在程序上。在依照逻辑分析构造的计算机程序中，没有"应当"的符号。因此，指令（以及整个西方历史）的趋势显然是将所有行为完全去

59D

---

[1] 原文如此。作者在前文区分了"行为"与"行动"，但在后文中似乎未严格遵循这一区分。

政治化（völliges Entpolitisieren），而一旦达到这个目标，人类和社会将像控制论系统一样自动引导自己。

　　这两种对规定中所包含趋势的解释，传达了一种正在浮现的功能性思维方式的观念：它是一种世俗的、价值无关的思维方式。它不再能被历史、政治或伦理范畴所把握。必须将其他控制论的、进行计算的、功能性的范畴应用于它。因此，编程实际上不能被称为书写。作为一种姿态，它表达了不同于书写的思维方式。

　　现在的问题是，上文为揭开编程神秘面纱所做的努力是否真能消除恐惧。当然，我们可以从乐观的角度来看待这个问题。因为程序是对装置的指令，指令的负担从人类转移到了无生命的客体上，人类获得了可以为所欲为的自由。从这个角度来看，指令所固有并最终在程序中得到完成的趋势，其目的仿佛就在于自由。装置的行为比人类更好、更快：它们能更好地组装汽车，更好地缝纫，更好地镌刻，而且很快就能更有效地采摘樱桃。它们还能更好地思考：它们能更快地计算、制图和做出决定。（奇怪的是，它们的计算能力比采摘樱桃的能力更强。）从现在起，人类可以专注于对装置的编程。这难道不是有史以来就被追求的自由吗？

　　对此存在两种截然不同的担忧。第一种近在眼前，比较容易解决。它担心某些行为无法被装置接管，而无法自动化的行为恰恰是构成人类尊严的行为，例如，"孝敬父母"的戒律。这种观点是错误的。无论哪种行为模型，都可以编程并得到自动化。只需将行为分解成其组成元素，分解成行为元（Aktom），然后再将它们重新计算在一起。这种分解和重新计算就是编程。前面提到的戒律可以分解为行为元，如"给卧病在床的母亲喂米糊"。装置会比人类更好、更快、更准确地遵守这条戒律。

对乐观前景的第二种担忧，来得更为重要。它担心的是，将人们从"必须如此行事"的义务中解放出来，会导致完全的不自由。如果没有以特定方式（工作、走路、坐着、计算、画画）行事的必要性，那么所有行为都将归结为任意行为（acte gratuit）①，也就是一种毫无意义的、荒谬的姿态。这种反对意见认为，自由只有在与必然性的斗争中才能开启。完全的无规定性和完全的规定性一样不自由。然而，从乐观主义的角度来看，可以反驳说，人类的任何行为，无论是否遵从指令，在死亡（死亡的必然性）面前都是荒谬的，而所有指令的根本意图总是赋予这种荒谬以意义。当指令从人类转移到装置时，人类就可以自由地赋予装置的荒谬行为以意义（同时赋予在装置功能中的自身行为以意义）。因此，编程就是赋予意义，而编程背

---

① 这一说法来自20世纪法国文学，是一种荒谬的、通常是暴力的和破坏性的自发行为，缺乏意义和可理解的动机。

后隐藏的意图就在于，让人类能够自由地赋予世界以意义，并且赋予他们在世界中的生活以意义。

若是坚持这种驱赶我们对编程的恐惧的乐观，那么可以说，随着编程超越书写，历史的目标已经达成。所有行为都变得世俗、科学、功能性、非政治化，人们可以自由地赋予这些行为以意义。历史以及产生这一历史的思维方式已经结束。一种新的、后历史的思维方式正在产生，它赋予荒谬以意义。乐观主义是否真能平息所有人的顾虑，仍然有待观察。即便我们可以接受这种乐观主义的观点，但编程是否真能超越所有书写，这一问题本身仍然悬而未决。所有指令都可以编程，但不是只有指令得到书写。毕竟，书面文献并不完全由戒律、法律和使用说明构成。而且，在书面文献的织网中，其他那些线索很可能无法编程。因此，书写终究会继续下去。通过这种"继续书写"的行为，历史的、政治的和评价性的思维方式将得以保留。

可以证明，这种（反动的）反对意见是错误的。诚然，书面文献并不只包含指令，即行为模型（Verhaltensmodell），其中也有认知模型（如科学和哲学文本）和体验模型［如诗歌和一切"美文学"（belles lettres）相关的部分］。将文献划分为行为模型、认知模型和体验模型，沿袭了古典主义将"理想"划分为真、善、美的做法，而这种划分自工业革命以来就已难以为继。如今，我们有办法将所有命题都归结为"如果—那么"形式的命题，以此

— 069 —

将认知模型和体验模型还原为行为模型。命题演算允许将所有类型的陈述转化为函数。所有书面文献都变得可编程。

程序化的书面文献可以是这样的一种状况：其中所有文本首先都被还原为指令，然后由人工智能进行计算。显然可以通过这种方式制作出非常有效的认知模型和体验模型，现有的合成图像就足以说明这一点。当二进制数字编码的认知模型——从简单的统计曲线到整个理论的复杂表述——都在屏幕上闪现时，其产生的印象与展现的表达能力，超过了所有用字母数字编码的科学文本。所谓的计算机艺术正开始产生体验模型〔幻想的、"不可能"的构图（Konfiguration）〕，它们虽然是图像，但这些图像基于以数字方式编码的程序，至于那些程序本身又是字母数字编码文本的转码。这些特别强大的体验模型首先应被视为程序化了的诗歌和小说，然后才是"视觉艺术"（bildende Kunst）。这样看来，对所有书写的程序化持乐观态度似乎是有道理的：如果字母的书写被数字的程序所取代，那么迄今为止所有文本传达的信息，所有的行为、认知、体验模型都将通过新的信息媒介更有效、更有创造力地传播。

但我们不能任凭这种乐观情绪裹挟。将迄今为止用字母数字书写的一切程序化会带来很多好处；但我们不能如此轻易地驳斥反动派所表达的恐惧。因为在将字母数字转码为数字符号的过程中所失去的东西，包含书写的某些关键价值，它们不仅为反动派所承认，也为其他人所共同承认。口头语言将失去其作为思维与书写之间中介的地位。从使概念（"理念"）可见的意义上讲，数字符码是表意文字。它们与字母的不同之处在于不表示口语语音。在对以前用字母书写的内容进行编程时，思维将脱离语言，这一点令人恐惧。

我们在学校学到的书写，是一种历史意识的姿态。而我们的孩子们开始学习的编程，则是另一种姿态，一种更适合与数学而非文学意识相提并论的姿态。它所使用的符码就像数字一样，是表意的。维特根斯坦在谈到"下午六点钟的时候，二加二等于四"这句话的无意义时，指出数学思维的非历史性。但迄今为止，数学思维一直有机地结合于字母和数字组成的符码，并在历史思维的洪流中随波逐流。现在，编程正在从字母数字符码中浮现，独立出来，并与口语分离。这让人有理由保持某种程度的悲观。

8

口 语

当编程摆脱了字母数字文字的束缚，思维就不再需要通过口语来变得可见。西方文化（以及所有其他字母文化）的显著标志——通过语言抵达符号的迂回，将变得多余。思维与言说将不再像字母占主导地位时那样结合在一起。这种结合，正是思维规则被称为"逻辑"（词语规则）的原因，也是我们使用语言批评作为分析思维的方法的原因，更是《圣经》声称"太初有道"的原因，或是海德格尔将语言称为"存在之家"的原因。这种思维与言说的结合实际上令人惊奇。因为除了字母表之外，当然还有其他符码可以让思维显现出来，例如，绘画和数学符码。因此，人们一直以来都意识到，言说只是思维的展现方式（Spielart）之一，他们一再试图在这些方式中找到"共同点"。将逻辑规则和数学规则相互简化的失败尝试（参看罗素和怀特海的《数学原理》）就是一个令人印象深刻的例子。但字母表是最主要的符码。数千年来，它的光芒盖过了所有其他符码。随着字母表被超越，思维将从言说中解放出来，其他非语言思维（数学思维和绘画思维，可能还有全新的思维）将以我们无法预料的方式得到展开。

而言说则完全不会被超越。恰恰相反，从字母表中脱离出来的口语，将充斥场景。唱片、磁带和有声图像将向社会发出尖叫和低语。甚至人工智能也将自己学会言说。言说，感知口头语言的方式，也将得到技术上的发展。危险的是，从字母表剥离出来的言说将回到未开化的状态。几千年来，我们的语言经过了字母表的过滤和蚀刻，已经变得强大而优美、精巧而精确。如果任由口语肆意发展，它们会变得野蛮，进而使大部分的思维也变得野蛮。

然而，字母表对言说的影响不应被高估。因为在观察当代语言场景时，我们会发现绝大多数的文字和语言都是废话，甚至更糟糕。大约95％的口语和书面语在语法上是不正确的（例如，"这台洗衣机更好"或"柏林位于北方"这样的说法），因此实际上什么也没说。当我们听街上的人们说话，阅读了大量的报纸、杂志和小说之后，看一眼计算机程序简直就像是一种审美上的休息。如果在废除字母表之后，这些胡言乱语、蛊惑人心的言论不再主宰人们的思维，那么这或许可以被视为一种认识论、政治学和美学上的净化（Katharsis）。

语言无疑是精神的一项伟大成就，我们所掌握的语言是我们最宝贵的财富之一。这一遗产有无数面相留待保护与拓展，下面本文将概括性地加以阐述。

我们的语言（印欧语系①和亚非语系②）是屈折语，也就是说，在这些语言中，词的意义会根据其在语序中的位置而改变。由这些词组成的句子是"说—出"③：谓语由其主语发出。因此，我们的语言所陈述的事物（我们语言的宇宙）由投射式箭头状的情境构成。例如，"汉塞尔爱格雷特尔"这个句子就为"爱"这个词提供了图式，它从汉塞尔出发，瞄准格雷特尔。并非所有类型的语言都是如此。黏着语（如图皮—瓜拉尼语）中，有词的拼合而没有句子，因此这些语言的宇宙（他们所谈论的事物）具有事态性而不是投射性。在一些孤立语中（如汉语），没有句子④，但有音节并列，因此这些语言的宇宙以马赛克的镶嵌性替代了投射性。只要我们的思维方式与语言相联系，我们就会在这两个宇宙中迷失方向。它们使我们的思维陷入动荡，因为它们提供了证据，证明我们的宇宙不是由现实而是由我们的语言构造的。这种动荡不仅有其益处，而且表明了我们从语言中所获得的：语言为我们提

① 原文为 Indo-Germanisch（直译为"印度—日耳曼"），系印欧语系的旧称，一度为德、法等国的语言学家所使用。

② 原文为 Hamito-Semitisch（直译为"哈米托—闪米特"），系亚非（Afro-Asiatic）语系的别称，也称闪含语系，主要分布于非洲北部、阿拉伯半岛。

③ 原文为 Aus-sagen，意为"陈述"，中间的连字符强调了词头"aus"的"出来"之意。

④ 原文如此。

供了一张网，我们在它的丝线与绳结中思考、感受、渴望和行动。

　　我们的语言具有相同的屈折词特征（尽管德语具有黏着的倾向，如"Donaudampfschiffarhtskapitän"①，英语倾向于孤立，如"put"或"set"），但是，每种语言都以自己独特的方式处理这种结构。每种语言都有自己的语法。这使我们能够从自己的语言迁移到另一种语言，而不会脱离那张承载我们的网。翻译是扩展和深化我们的宇宙的有力方法。因为我们的语言是开放的系统：其他语言要素（词语和规则）可以融入其中，而不会丧失其特性。翻译使我们能够用不同的方式表达我们以前用自己的语言说过的话。我们的语言种类繁多、结构相似、功能各异，这意味着我们的宇宙始终是开放的，可以创造性地更新思想、情感、愿望和行为。

　　我们语言的多样性还有另一个方面。口语是一种声音现象。每种语言都有自己的旋律和独特的节奏，而且是多层次的：从音素到单词和句子层面，再从单词和句子层面到话语层面。这些语言的旋律和节奏有许多是趋同的（如意大利语的音乐性与俄语的音乐性相似），而另外一些则截然相反（如捷克语的节奏与法语的节奏相对）。

---

① Donaudampfschiffarhtskapitän 的意思是"多瑙河蒸汽船船长"，可拆分为"Donau（多瑙河）—dampf（蒸汽）—schif（船只）—farht（s）（航行）—kapitän（船长）"。

其结果是，我们能够创造音乐性的语言作品（musik-alische Sprachkomposition），不断将我们的宇宙拨动出新的音调。

我们的语言是符码，其中各种词类被编码为概念的符号，句法规则被编码为思维规则。它们是双重编码的符码。现在的符码趋向于两个相反的领域，一个是指称（Denotation），即每个符号都指代其宇宙中的一个特定元素；另一个是蕴含（Konnotation），即每个符号都指称该宇宙中一个定义模糊的区域，宇宙中的每个元素都可能由一个以上的符号来表示。指称符码（如符号逻辑）的优势在于它的准确性和明晰性，而蕴含符码（如绘画）的优势则在于其丰富的意义和由此产生的各种可能的解释。我们语言的双重编码意味着它们可以向这两个领域扩展。我们既可以精准明确地说话（指称性），也可以富有深意和歧义地说话（蕴含性）。我们甚至可以同时做到这两点。因此，我们的语言是极富成效的符码，这些语言的宇宙异常丰富。

与"人类"这个物种的年龄相比，我们的语言还很年轻。印欧语系和亚非语系的共同根源似乎并不比新石器时代晚期早多少。但人类说话的历史可能已经有数十万年了。据此，我们的语言至今几未得到发展，遑论以无法预料的方式展开。然而，几百代人的经验都储存在我们的词形和句子结构中。开口说话时，这种集体记忆就会从我们的口中道出，进入公共空间，并在那里得到丰富。并非所有的口语都是如此。大多数语言——即所谓的"原始"语言——都没有被充分编码以作为记忆发挥作用。在一些印第安语言中，词汇十年一变，因为许多词汇成为禁忌，不再允许使用。相比之下，其他一些语言却被严格编码，以 67E 至于无法继续发展（古埃及语就是一个例子）。如何保护 67D 和传承我们的语言在严谨性和弹性之间取得的宝贵平衡，是我们正面临的挑战。

此处所表达的对我们语言的热情，解释了上一章结束时的悲观情绪。因为，如果未来带来的新思维方式越来越少地依赖语言符码，而越来越多地依赖运算和计算符码，如果届时涌向我们的语言浪潮只不过是这一新思维方式的背景噪声，那么我们很可能会担心失去"语言"，失去这一被我们遗弃的宝贵遗产。我们可以这样安慰自己：在字母发明之前，口语作为一种独特的符码不断得到丰富和传播，在字母过时之后，同样的情况也可能发生。但这并不能减轻人们的恐惧。因为就口语而言，"前字母"情境与"后字母"情境截然不同。

在字母发明之前，口语（在我们可以追溯的确定的范围内）是"神话"的载体，即社会中体验、认知和行为模型的载体。有些人，即"神话讲述者"（可能主要是年老而有智慧的人），他们的任务就是将神话传承下去。与之相伴的还有保存和丰富语言的任务，后来使用字母书写的人接替了这项任务。荷马史诗可能是一个例子，说明从口语到书面语的过渡是一种语言保护和创造的姿态。（顺便提一句，神话讲述者很可能是将神话唱出来的，因此向字母文字的转变可视为口语中某一维度的失落。）在字母被超越之后，将不再有精英负责保存和丰富口语。语言将放任自流（即所谓的喋喋不休），回到原始状态。从目前尽管还处于萌芽阶段的情况就足以看出，难以希望未来的文盲精英来承担照看语言的任务。

68D
68E

　　某些现象似乎预示着这种精英阶层的形成。让我们来看看其中的两种现象：磁带上的有声书和用磁带、唱片记录的口头诗歌。之所以选取这两个例子，是因为它们代表了两种极端情况。有声书是朗读的文本，此时口语取决于以字母书写的内容，而口头诗歌则明确拒绝任何文字形式的传播。第一个例子可以暂时排除在讨论之外：如果不再有以文字写成的书籍，也就不会有朗读出来的有声书。这种没有图像的传播将使信息不必要地贫乏。而第二个例子值得关注。在这里，新的神话讲述者［狄兰·托马斯（Dylan Thomas），巴西人，印第安和非洲的吟游诗人］似乎对语言产生了创造性的影响，并恢复了口语失落的音乐性维度。人们认为，在录音带发明之前，创造性的语言活动从未像这些"诗"一般产生如此快速而广泛的影响，它们的传播数以百万计。但这些真的与诗（Dichtung）有关吗？无论从词源学角度如何定义这个词——是 Diktat（口授），还是 Diktum（格言）——只要仔细斟酌，就会发现在这些新的神话讲述者身上一些别样的东西在起作用。

这就是说，磁带和唱片在很大程度上已经过时。这并不是因为歌剧在录像带上比在唱片上承载了更多的信息，而是因为图像比声音更适合正在兴起的新的思维方式。因此，磁带或唱片上的诗很快就会被录像剪辑取代。问题只在于所需的装置成本降低得有多快。仍在制作磁带和唱片的诗人将制作视频短片，这不仅因为他们实际上不是"诗人"（与语言打交道），还因为他们创造了新的体验模型。69D 他们的创作面向那些尚未负担得起视频剪辑的人。他们的语言创造力服务于仍在兴起中的技术，他们制作（而且事实上已经制作出来了）的说话和歌唱的动态图像，将不仅使用语言，还使用比语言更显眼（augenfällig）的符码。正 69E 因为当代口语诗歌如此具有创造性，所以这表明，口语已经注定要为新符码服务，并成为背景噪声——就像我们在有声电影中看到的那样，音乐和言说，尤其是后者，乃是一种辅助功能，因此可以说，无声电影才是真正的电影"语言"。

在后字母的境况下，没有精英受托维护语言。人们将受到来自四面八方的劝说，而且这种劝说将比以往任何时候都更加深入人心，但就效果而言，言说将只是辅助（就像今天的手势符码一样），帮助传递占主导地位的符码。这提出了一个假设：在难以想象的遥远过去，随着言说的兴起，之前丰富而具有创造性的手势退化成了辅助性的东西，就像当前的言说即将退化一样。这说明悲观是有道理的。在未来，人们将像那不勒斯人那样打手势说话。考虑到语言的可贵，这是一种不幸。

9

诗 学

传统上，诗学（ποίησις）与模仿（μίμησις）是有区别的。但在字母的支配下，思维与语言之间的这种密切联系使得"诗"通常被理解为一种语言游戏，其策略是创造性地扩大语言的宇宙。通过操纵词语和句子、调节语言学上的功能、与词语和句子意义展开游戏、在节奏和旋律上调整音素，这个语言的宇宙得以更加深邃宽广。在这个意义上，诗是语言的源泉，语言总是从诗中焕发出新的活力，而且事实上，在诗歌之外的文学中，甚至在科学、哲学或政治文本中，都是如此。上述思考意味着，作为模仿的反面，诗学将开辟出前所未有的新领域，而只有在引入装置和与之相适应的符码之后，这一新领域才得以敞开。图像将脱离其摹拟的（imitierende）、模仿的（mimetische）功能，变得富于创造性和诗性。这种诗性的力量在电影、视频和合成图像中已经清晰可见。然而，从语言游戏的意义上讲，诗学通往新文化的道路似乎被堵死了：因为它与用字母进行的书写相绑定。

乍一看，似乎还可以有非字母的语言游戏。难道装置不能像玩弄图像和音乐一样玩弄语言吗？难道电子诗学不能与电子图像和电子音乐一起出现吗？我们能够设想自动进行语言学调制的程序，这种调制可能在诗性的力量上远超字母所进行的调制。如此编程，可将基于字母的诗学从其今天身陷的精英主义牢狱中解放出来，并在考虑到字母的衰退这一情况下，使言说更有力、更精巧。如果采用这种策略，我们可以在新的层面上，期待像大卫王的《诗篇》和荷马的史诗那样的诗歌作品。献给上帝的新诗篇将开始奏响。

将诗作为一种语言游戏从字母表剥离出来，并将其移植到计算装置中，都需要假定有人在从事强化和精细化言说的工作，这正是上一章所质询的。为了预测未来诗人的活动，我们必须思虑诗学与模仿的对立，然后着眼于诗作为语言创造行为的特殊情况。

从广义上讲，我们所感知和体验的一切几乎都要归功于诗，但我们并不总能意识到这一点。作诗，就是在建构体验模型，而如果没有这样的模型，我们就几乎无法感知任何事物。我们会失去感觉，只能依靠萎缩的本能，盲目、失聪、麻木地蹒跚而行。诗人是我们的感觉器官。我们的视觉、听觉、味觉和嗅觉都建立在从诗人那里获得的模型基础之上。世界通过这些模型呈现在我们面前。诗人创造了这些模型，而不是模仿那些未经建模和加工的"所予"（gegeben）：当我们看到颜色，那就是通过凡·高和柯达；当我们听到声音，那就是通过巴赫和摇滚；当我们品尝味道，那就是通过布里拉特-萨瓦兰[①]和快餐。这些颜色、声音和味道之所以如此，并不是因为它们源于自然界，而是因为它们经过了文化的熏陶，也就是说，是从某种难以察觉的自然基础上被诗性地塑造出来的。

我们不妨假设，在凡·高之前和之后，人们对颜色的感知是不同的，并以此构建一部关于感知的历史。这将是一部美学史，一部体验史。让我们从爱的体验来看这一点。

在当代的爱的体验中，我们可以认识到好莱坞所制造 _{73E} 的爱的模型，它基于浪漫主义诗歌，而浪漫主义诗歌又源 _{72D} 自行吟诗人的诗歌。在这些模型背后，我们发现了基督教的爱情模型，而在它的背后，我们又发现了犹太人和古希腊人的爱情模型，一直追溯到消失在史前时期的根基。在这一爱情模型的谱系树中，我们可以确认诸如柏拉图的爱神厄洛斯（Eros）、斯宾诺莎的知性之爱（amor intellectualis）或尼采的命运之爱（amor fati）等分支。这种历史观导致了一种美学达尔文主义。我们自己的爱情体

[①] 应指让·安泰尔姆·布里拉特-萨瓦兰（Jean Anthelme Brillat-Savarin，1755—1826），法国作家、政治家及美食家，有一种奶酪以他的名字命名。

验与古希腊人的爱情体验的关系，就像哺乳动物的耳朵与鱼鳃的关系；我们与托尔特克人①爱情体验的关系，又像哺乳动物的眼睛与昆虫的眼睛的关系。在这里，好莱坞模型似乎是线性发展的最新和最高环节：美学帝国主义——我们比任何古老的或"欠发达的"文化都能更好地感知和体验，而我们感知（wahrnehmen）的东西一定最"真"（das Wahrste）。

鉴于我们已经知道，模型的产生、诗的产生，是让噪声侵入已有模型之中，并对两者进行计算，上面所说的感知史已经站不住脚了。摆在我们面前的不是一棵枝繁叶茂的谱系树，而是如此之多分门别类的模型，它们向各个方向扩散，各个模型之间的联系贯穿其中。我们不应谈论感知的进步，而应谈论感知的多重性；不应谈论美学史，而应谈论美学模型的复杂系统。对于我们的生活仅仅是按照少数几种体验模型进行的这一事实，不应该从历史的角度（或从政治的角度，即强者对弱者的胜利），而应该从控制论的角度来解释。

引导当代爱情体验的爱情模型是好莱坞的，而不是佛教的或中非的，因为媒介渠道建立在历史主义的、帝国主义的式样之上。当这种式样过时的时候，这些渠道可以重新连接。例如，如果将有线电视引入媒介中，中非的爱情

---

① 托尔特克文明是大约在公元800—1000年间，中部美洲地区的古文明。

模型可以和好莱坞的爱情模型一样得到传播。这种重新连接不需要历史主义的革命（弱者对强者的反抗）。它已经在发生，因为媒介要求在其固有的传播理论的（kommuni-kologische）结构基础上进行交叉连接。正因为如此，许多迄今为止一直被压制的感知模型正在进入为我们提供信息的渠道。我们的感知方式已经比上代人复杂得多。不仅是我们的爱情生活，我们对颜色、声音和味道的感知也变得愈加复杂。从构建体验模型的意义上讲，诗学现在已经开始发展，并在不久的将来达到超出预期的维度。未来我们感知和体验到的一切都将是无法设想的。

这里讨论的是有声的动态图像。当然，在此背景下也可以将口头语言纳入上述考虑，并在狭义上使用诗学一语，即作为语言游戏的诗，也将因有声图像形式的媒介交叉连接而得到有力发展。我们可以预感，届时一种新的诗性创造力不仅会出现在图像和音乐中，也会出现在语言中。但是，如果完全脱离了字母，我们所珍视的关于诗的一切不就都失去了吗？

依靠字母的诗人通过字母操纵词语和语言规则，为他人创造一种体验模型。在他看来，这是将自己的具体体验（情感、思想、愿望）强加于语言之中，从而使他人也能获得这种体验，以及被这种体验改变的语言。新的诗人配备了各种装置，并以数字的方式使用这些装置，也就不可能如此天真。他明白自己必须对自己的体验加以运算，将其分解成体验原子，才能将它以数字方式编排。而在运算的过程中，他必须确认他人先前在多大程度上预先建模了自己的体验。他不再将自己视为"作者"，而是进行置换之人（Permutator）。甚至他所操纵的语言也不再是堆积在他体内的原材料，而是一个穿过他的复杂系统，等待他将它们重新置换。他对诗的态度不再等同于受灵感启发的、直觉性的诗人，而是信息提供者（Informator）的态度。他依靠理论而不再凭体验来创作。

很久以来，人们就一直在准备对诗采取这种信息化的态度。例如，在马拉美那里，这种态度得到了理论化的、近乎信息性的表达；而在莎士比亚的许多十四行诗所具备的精确性中，可以十分清楚地看到其中冷静的、进行运算的、准确的甚至机械性的创作要素（Moment des Dichtens）。几乎可以说，诗学在放弃经验论的、直观的态度，转而采用理论的态度时，就已经成熟了。只不过，随着字母的退出，诗也失去了所有的天真。我们对受缪斯女神眷顾的诗人的所有观念，都必须让位于诗人是语言的技术员这一概念。诗遭到了世俗化（entheiligt）。

不过，在此有两点需要说明。首先，有必要对口头诗歌向字母诗歌的过渡予以深思，特别是，它通过荷马的形象而得以人格化。当时的人们，是不是也会将吟游诗人受灵感启发的歌唱与识字的诗人对字母的操作进行比较，谈论诗的去神圣化和技术化？其次，我们应该质疑，进行运算的创作是否真的冷酷无情。新诗人坐在终端机前，满怀期待地等待着屏幕上出现意料之外的构词造句，他被一种创造性的狂喜攫住，其强烈程度不亚于进行书写的诗人在与语言斗争时所感受到的。每跨过一道技术门槛，观察者都会感觉到技术正在占据上风，而事实每次都证明，新技术开启了新的创造性的源泉。

因此，诗歌信息化之后，直觉似乎会让位于运算。但实际上，它关乎的是诗人意图的转移。使用字母的诗人，从某种在先的设想出发，改变语言的规则和材料库。他在心中看到了要写的诗，试图迫使语言与这一设想相吻合。进行运算的诗人将语言的规则和材料变成了随机排列的游戏，他的意图在于从这些随机出现的计算中选出最合适的。这种企图与偶然性展开游戏的新层面，就是此类新诗和以字母为基础的诗之间的区别所在。

因此，我们可以期待两种语言游戏意义上的诗歌。一方面，会说话的人工智能将根据程序源源不断地产生出新诗，也就是一种人造的游吟诗人。另一方面，信息提供者将在排列组合游戏的帮助下，让诗（无论是否按字母的方式编码）以令人窒息的速度出现在我们面前的屏幕上，就像某种人造的艾略特或里尔克。当然，也可以将吟游诗人与里尔克联系起来，前提是还有人对语言游戏感兴趣。鉴于将有数量超出设想的感知和体验模型以图像和声音的形式涌入社会，那时的语言很可能只是一种背景符码，因而它是否仍将被用来建立感知和体验模型，这一点令人怀疑。届时，诗歌的力量很可能会集中在非语言符码上，其中有些部分尚且无法设想。这些符码将不再被阅读，而必须以另一种方式解译。这就提出了一个无法回避的问题：阅读的未来。

用字母书写的诗人将诗句指向读者。当读者读完了诗，诗人也就为读者构建了一个体验模型，而读者就开始按照这个模型生活。这意味着，用字母书写的诗人首先是写给批评家看的。新诗人面对的不是这样的受众。他所建立的模型将被接收、改变和传递。他在参与一种置换的游戏，这种游戏是他从早期的诗人那里继承来的，他将把这些传给未来的诗人。未来将不再有传统意义上的批评可言。

当我们预期基于字母的书写的终结，预期其最完善的形式之时，我们所担心的是阅读的衰落，也就是批判性解译的衰落。我们担心，在未来，所有的消息，尤其是感知和体验模型，都会被不加批判地接受，担心信息革命会把人变成不加批判地排列组合各种消息的接收者，也就是机器人。

10

读 法

常识（众所周知，从不正确）认为，书写先于阅读，因为要能够阅读，就必须有书写的东西。这是不正确的。早在文字发明之前，就有了阅读（如挑选豌豆①）。书写本身只是一种阅读的方式：它包括在一堆文字符号中进行挑选，就像把豌豆串成线一样。"阅读"（来自拉丁文的legere，古希腊语的λέγειν）的意思是"挑选，啄食"。这种"啄"的活动被称为"选举"（Elektion），而"啄"的能力则被称为"智力"（Intelligenz）。挑选的结果被称为"优雅"（Eleganz）和"精英"（Elite）。书写者不是最早的"知识分子"（Intellektuellen），而只是目前历史时期特有的知识分子。他们挑选起来比以前更优雅。假设阅读先于书写，啄食先于串接（因此运算也先于计算），那么我们就会面临被常识掩盖的困难。

---

① 除了常用的"阅读"一意之外，德语动词 lesen 还有采摘、采集、挑选之意。在本章中，作者交替使用这两种意义，读者应予注意。

智力是从众多事物中挑选出某些事物的能力。我们的远古先民是有智力的，因为他们能从彼此的皮毛中挑出跳蚤。鸡也有智力：它们从谷堆里啄食谷粒。书写者属于禽类：他们有羽毛，而且从事挑拣。阅读有两种方法：按照标准（知道选什么）和盲目地进行。第一种方法被称为"批判"；第二种方法就是英语中"to read"（阅读）一词的意思——"猜测"。鸡是批判的。它们根据"可食—不可食"的标准来啄食。但这样的标准阻碍了鸡进行书写：它们把谷粒吃了下去，而不是将它们串成线。另一方面，我们的远古先民在咬跳蚤之前，可能会把选好的跳蚤排成一排。把石头摆成一排的做法证明了这一结论的正确性，并（令人不安地）暗示批判性思维在书写之前就已存在。那些声称书写激发并促进了批判能力（这也是本书的一个论点）的人，必须修正自己的观点，以解释鸡所遇到的问题。

80E

78D

　　不是所有东西都能被啄取出来：有些东西无法辨认（unleserlich）。但所有的东西都可以被啄开。这取决于进行啄取的喙有多锋利，而科学会把喙磨得越来越细。但是，如果将科学所依据的认识论以这样的方式表述出来，难免令人有所顾虑。喙需要能够啄取，以便之后能够啄食。如果喙变得越来越细，那么它最终能啄到的谷粒就会越来越小，直到再也啄不到。如果科学把一切都彻底运算成它再也啄不到的谷粒，那么这个世界又变得难以辨认了。批判先于阅读，旨在使阅读成为可能，但批判也可能变得过于精确，从而妨碍阅读。这也让人棘手。它似乎让事物变得难以辨认，或不如说，成为"秘密"——尽管我们起码从康德开始，就将批判能力视为人类尊严的根源。

批判性阅读（例如，鸡区分谷粒和沙子的方法）就是评价。谷粒是好的，沙子是不好的。如果"解读"（interpretieren）与"价格和/或价值"（pretium）有关，那么鸡就是在解读。与批判性阅读相反的是"解谜"（to read）。后者并不是俗语所说的"瞎猫"——众所周知，偶尔也会逮到死耗子①——而是指一种断然拒绝评价的阅读方式。科学声称自己就是以这种方式阅读的。它声称，一粒沙子和一粒谷物的价值对它而言是一样的，都可以等价啄食。而且，它还更进一步声称，解谜性阅读构成了批判性阅读的进步。抛开价值，受到规训进行解谜，才能掌握完美的阅读。与拒绝解释现象的自然科学相比，人文学科在解释它们所选择的现象时是不完美的科学。这同样使人不快。因为，它让批判能力与其说是人类的尊严，不如说是鸡的尊严。自然科学家的主张必须接受挑剔。②

"本源"状态下的人是杂食动物。他们解读周围和自身的一切：树木和梦境、星星和咖啡渣、鸟儿的飞行和自己的肝脏。他们对这一切进行评估和定价。然后，他们满

① 原文为 Auch ein blindes Huhn findet mal ein korn，字面意思是"瞎眼的鸡偶尔也会找到一粒谷"。
② 原文为 aufs Korn genommen werden，字面意思是"从谷粒上拿走"。

心犹豫、一步一步地学会解谜性阅读。他们逐步去掉了所有现象上的价格标签，用价值无关的数字代替，安在待啄食的谷粒上。事实上，这种"价格标签"的去除是从世界的外围开始的，越来越靠近中心，越来越靠近进行阅读的人自身。首先，价格标签从石头和星星上移除。这样，天文学和力学这两门最早的价值无关的科学就建立起来了。然后是化学、生物学、社会学、心理学等谷粒形式的去价值化，一步步接近人类自身，直到最后，价值无关的解谜性阅读深入我们思想、情感和意愿最隐秘的角落，驱除了所有的价值和解读。解谜学这门硬科学将从可读的世界中消除一切软性的解读。在一个价值无关的世界里，没有什么可以批判。没有人是神圣的，也没有人是罪犯，而如果我们从他们身上读出了神圣或罪恶，那是因为他们受到天气的影响，或是无法与他的母亲共眠[①]。

如果解谜性阅读是唯一正确的读法，而所有解读性的、评价性的阅读都被视为原始的、像鸡那样的，那么一般的阅读就可以交给人工智能来完成。它们不如我们那么像鸡。它们不会一直滑向评价；它们只是更严格而已。就我们而言，我们可以放弃阅读和对阅读的学习。在阅读的同时，我们也可以放弃书写——这种将字母串成字行的读法。

---

① 指满足恋母情结。

批判性阅读与解谜性阅读究竟有何不同？从一堆待挑选的谷粒中，批判性阅读挑出好的谷粒，直到只剩下一堆不好的谷粒为止。对于解谜性阅读而言，没有好的或不好的谷粒，但即便是这种读法也必须挑选一些谷粒，留下其余的。解谜性阅读最终也必须面对两堆谷粒，也许是一堆大谷粒和一堆小谷粒。大和小其实不是价值（而是规模），不是价格标签（而是数字），但必须有某种标准来区分大和小。实际上存在这样的标准，它被称为"尺度"。一个谷粒与某个尺度相比是大还是小。这个"尺度"是经过校准的，也就是说，它有一个零点，所有其他的点都是从这个零点开始确定的。一粒谷是大是小，根据它尺寸上与零点的距离来确定。因此，解谜性阅读本身就是变相的批判性阅读。它的标准就是零点。硬科学并不是价值无关的，而是以绝对零点为标准来确定所有的价值。对他们来说，一个谷粒本身很大（或很好、很美）的说法毫无意义；相反，它必须被描述为相对较大。

因此，人们的兴趣转移到了这个绝对零点上。让我们赋予它积极的名称，以探究硬科学测量背后的动机。让我们称这个零点为"真理"。说它是"零点"，是因为它意味着一个极端的位置，永远无法达到，因而是空洞的。在这种情况下，没有必要过多考虑其意义。无论"真理"是最终显现出来的东西，还是我们最终揭示出来的东西，抑或是我们在"知与物的符合"（adaequatio intellectus ad rem，使喙适应于谷粒）的基础上不断努力达成的东西，它始终是一个无法达到的边界情况。解谜性阅读试图接近它。波普尔称其为"证伪"：人们挑选一堆假谷粒，直到（最后）只剩下真谷粒。看吧：真理是不可企及的，但不知何故，它从一开始就为我们所有。否则，"假"谷粒怎么会被识别为假的并从谷粒堆中被读出呢？解谜性阅读和批判性阅读一样"原始"：就像鸡一样，科学家从一开始就知道该啄哪些谷粒。

81D

这里最突出的一点是牛顿的命题："我不虚构假设"（hypotheses non fingo）。动词"fingo"（虚构）有三个名词形式，即"Fiktion"（虚构）、"Figur"（形象）和"Finte"（诡计）。牛顿的意思是，他的假设不是虚构的。但他无法否认，这些假设是帮助人们一劳永逸地筛选出真理的手段，它们是诡计，就像比喻、夸张、寓言、比拟和隐喻等所有其他修辞一样。解谜性阅读不愿假定任何预先设定的价值，却具有虚构性，因而达·芬奇称其为"精确的想象"（fantasia essata）。

83E

科学的主张①是站不住脚的。如果说解谜性的读法是一种变相的制定标准的方式，那么科学就与艺术和政治一样，都在做出评价。科学像艺术和政治一样，是虚构。越

---

① 指认为科学进行价值无关的阅读/挑选。

来越清楚的是，试图将科学、艺术和政治截然区分开来是无稽之谈。我们必须接受，在科学中，既存在政治的规范性因素，也有虚构的、艺术的和诗性的因素在起作用，而在艺术和政治中，对真理的探寻也在继续。今后，我们必须学会放弃区分价值无关的阅读（科学）和解读性阅读（艺术和政治）。我们必须像里尔克一样认识到，过于严格地区分是一种错误。如果学会了这一点，我们就能期待遇到惊喜。科学、艺术和政治的读法一旦相互结合、取得统一，便能使我们从世界和内心中读出远超想象的内容。

当然，这种科学与艺术和政治不可避免的合并，其令人不安的一面是，虚构与非虚构将很快变得无法区分。如果科学本身就是虚构的，那么谈论"真实的现实"就不再有意义："真实"是我们从虚构中读出来的。这也正是尼采所说的"艺术胜于真理"。如果解谜性阅读被证明是一种变相的批判性阅读，那么我们的批判能力（也就是区分虚构和现实的能力）会随之一道丧失。届时，我们将把批判性阅读抛诸脑后，不再能够进行批判：所有批判性阅读的基础都被证明是无法批判的信念。

鸡认为谷粒是好东西。科学使这种信念得以相对化：谷粒相对于食物来说是好的（沙粒相对于海滩来说也是好的）。这是基于"现实是价值无关的"这一科学信念。批判性地对待这一信念，就是要认识到所谓"现实"实际只是我们所相信的样子而已。这第三个信念已不再能被批判。

显然，要想批判一个信念，就必须有另一个信念。只有在某种信念的基础上，阅读才有可能。所有的批判性阅读都必须从一个不容批判的信念出发。没有这种信念，一切都无法批判，一切都无法阅读。我们已经失去了这种不容批判的信念。从而，我们失去了批判和阅读的能力。学习阅读和书写毫无意义。没有什么可读的了，更没有什么可写的了。

科学推崇解谜性阅读，将其作为解读性的、批判性阅读的替代，但这一解谜性阅读本身就是变相的批判性阅读。这打破了阅读的基础，即对可读性（无先决条件的解译）的信念。然而，我们仍有可能在这场危机中找到一种完全不同的读法，并在未来继续阅读。目前"阅读"（to read）被理解为解谜。维特根斯坦正确地指出，并没有什么谜可言。在失去信念之后，我们实际上已经无法认识到世界或我们自身中存在着可以被阅读和解开的谜团。不过，"阅读"（to read）也可以翻译成"猜测"（erraten），而"谜"（Rätsel）也可以翻译为"拼图"（puzzle），也就是说是一种拼图游戏。因此，"阅读"可能意味着谷粒的啄取和组合，从而产生有意义的东西。这种新的读法现在已经开始具体化。它就是广为人知的"计算"。

83D　"计算"的特点，是假定世界和我们都是无意义的（荒谬的），都可以被分解为谷粒，然后将这些谷粒组合成

有意义的东西。计算的读法将意义赋予无意义的"原始文
本"。我们面临的是意义方向性的逆转：读者不再从所读
内容中汲取意义；相反，他才是赋予所读以意义的人。对
于这种新的读者（以及人工智能）来说，里里外外没有任
何符号是有意义的：没有任何东西隐于背后。从全部的无
意义中投射出的唯一意义，将是从外部和内部的粒子（如
合成图像）中挑选出的、用以啄取和组合的马赛克。马赛
克是虚构的、形象的、伴装的，而且在过时的读法被抛弃
之后，它们也是我们可以在其中生活的全部现实。

至此，一切批判都达到了最初的目的，启蒙运动取得
了完全的胜利，再也没有什么需要批判或阐明的了。一切
都变得清晰了，首先是所有的标准、价值和衡量都是"意
识形态"的，这些可读之物（外表）背后没有任何东西。
完全启蒙的意识不再需要"智能"，不再需要读出意义。
它可以专注于创造性的组合式阅读。从旧读法向新读法的
过渡，需要从历史的、进行评价的、政治的意识跃升为一
种控制论的、赋予意义的、游戏性的意识。这就是未来的
阅读所需要的意识。

11

解　译

　　"Ziffer"（密码）① 一词来自阿拉伯语的"sifr"（空）。这个单词还衍生出"Chiffre"（数字）和"Zero"（零）。是阿拉伯人让我们认识了数字，尤其是零。不需要理解集合论，我们就能知道数字是空容器，应当用来挑选出某种东西的数量。例如，数字"2"是一个空容器，用来选取成双成对的事物，而符号"a"也是一个空容器，用来选取一定数量的特定口语发音。"2"和"a"的区别只在于它们选取的范围不同："2"选取的是一组概念（表意文字），而"a"选取的是一组口语语音。文字作品是一排排的密码，由字母或其他文字符号构成，阅读它们就意味着解译，也就是提取出符号所包含的数量（内容）。书写以符号的方式选取内容，阅读则把挑选镶嵌进去的东西再提取出来。这就

---

① Ziffer 通常的意思是"数字"或"编号"，而 Chiffre 则可以表示"密码""代号"等，但作者似乎更倾向于使用 Ziffer 表示"密码"的意义，故而此处翻译为"密码"，并视上下文与汉语习惯，也会翻译为"符号"。

是加密和解译的含义。人们采取唯名论的观点，认为数字、类型和共相纯粹是约定俗成的，也就是可以将谷粒挑选放入任何形式的容器中。而数字恰好是方便的容器。在"实在论"的霸权延续了几个世纪之后，这种观点的问题及其在当下的重新出现，前文已有所述及。

符号并不像茶匙或杯子那样单纯地摆放在我们身边；相反，它们是在一个系统中有序排列的，这正是因为在挑选谷粒时，必须为特定类型的谷粒准备特定的容器。这样的符号系统有规则来规范符号之间的关系。这些系统被称为"符码"。例如，我们可以说字母符码和阿拉伯数字符码，当这两种符码结合在一起时，我们就可以说字母数字符码。"Code"（符码）一词来自拉丁文 caudex，意为"树干"。"Buch"（书）这个词也来自树名。字母是符码中的符号。

88E

85D

在阅读一篇文字作品前，人们必须知道它使用的是什么符码。在开始解译之前，必须先解码。这并不总是易事。例如，拉斯科洞穴壁画旁边和下方的涂鸦只有在计算机的帮助下才能被识别为符码，里约热内卢附近一座山上雨水留下的痕迹长期以来则一直被认为是符码（腓尼基字母）。一个降落到地球上的火星人，面对某个现象，只能根据符号分布中特异的合规律的不规律性（regelmäßigen Unregelmäßigkeit）得出结论，认为他所面对的是某种经过编码的消息——也就是说，借助信息论。计算机就是这个降临地球的火星人。解开象形文字符码的商博良（Jean-François Champollion）就是一台计算机的"原型机"（avant la lettre）。但这一切在日常阅读中都是不必要的。在我们上学时的书包里就有解开字母数字符码的钥匙。我们可以将自己限制在文本解译的范围之内。

解译就是从容器中提取出内容，它是对编码者放入、折叠、暗示内容的展开。这不仅体现在单个密码的层面，也体现在编码消息的各个层面。如果这些内容折叠得很紧密（比如，赫拉克利特的片段、尼采的格言或维特根斯坦的《逻辑哲学论》），那么解译就是一项艰巨的工作。但通常情况下，我们的眼睛会沿着字行飞快移动，很容易就能拾取到内容。我们知道，这是一种错误。因为这样一来，不仅许多"隐藏"在容器深处的内容会逃脱我们的视线，而且更糟糕的是，我们可能会被编码者牵着鼻子走。因为他可以颠倒黑白，他可以撒谎，而只有细心的解译者才会发现他的谎言。由此可见，解译的方式有很多种，至少有以下几种：小心翼翼地展开、匆匆忙忙地过目，以及不信任地四处嗅探。第一种可以称为"注解性的"，第二种为"遵从性的"，第三种为"批判性的"。诚然，任何解译都要求读者具有批判的态度：他必须有识别符号并解译它们的标准。但是嗅探解译之所以被称为"批判性的"，是因为它在方法论上以批判态度为特征。

文字作品指向解译者。书写者向他者伸出手，目的在于接触解译者。他书写的政治姿态不是触动所有人类，而是触动解译者。因此，解译和加密、阅读和书写应分为前面提出的几类。有些文本是用来得到注解的，另一些文本是用来遵从的，还有一些文本是用来批判的。在对书面文献进行分类的方法中，很少有优于这种分类法的。但它们几乎从未被实际使用过，因为它们是从书写者而非读者的角度来处理书面文献的。读者可以理直气壮地忽视或不信任书写者的意图。他可以遵从需要注解的文本（如科学文本），遵从需要批判的文本（如诗学文本），并批判任何类型的文本。如果书写者的文本一直没有得到阅读，或许更严重的是，如果他的文本被"错误地"解译为与他的意图不符的内容，书写的悲剧性就会显现出来——书写者感到走投无路。这就是为什么，他的文本之所是的命运，会招致恐惧与战栗（然而也是无助的担忧）。因为他只能被动地等待，看他的文本能否找到解译者来"正确"解读，除此之外别无他法。这涉及所有主体间关联的一个方面，但在书写中尤为明显。

（a）注解（Kommentieren）：这个词的意思是"一起思考"，如果把"mens"翻译为"思考"的话。德语缺少"心智"（mens/mind/mente）[1] 的概念。它与书写的姿态相

---

① 括号里为拉丁文、英语、葡萄牙语中的对应词汇。

对应，这种姿态产生了期待读者加以完成的半成品，也就是期待得到注解；读者应与书写者一起思考，将书写者的所思所想进行到底，让书写的文本字行一直延伸到尽头。《圣经》是注解性阅读的突出个例，而《塔木德经》则更胜一筹。在《塔木德经》的书页上，接连不断的注释以同心圆的方式环绕着对象——经书文本。每一页书都是一段文本清晰可见的命运。但这个例子也说明，注解的功能在于使文本变得平庸，使文本信息得以世俗化（同时得到散布）。《圣经》中"当记念安息日，守为圣日"[1] 这句话受到了如此频繁、如此持久的注解（这句话在翻译时已经被世俗化了），以至于它的内容被掏空了，因此也就枯竭了。这段文字一再被写下来，又被说成陈词滥调。这也是书写的一个悲剧性方面：书写寻求注解，然而一旦成功，所写的文本就会被侵蚀，成为平庸之辞。

（b）遵从：原则上，只有传递行为模型（应然命题）的文本才有被遵从的意图。有关指令的问题在于，一方面，所有应然命题都可以转化为"如果—那么"形式的命题；另一方面，所有陈述，无论是直陈的认知模型，还是祈愿的体验模型，都包含着隐含的应然内核。例如，我们知道，"地球绕着太阳转"和"太阳绕着地球转"这两个直

---

① 《出埃及记》20：8。

陈陈述中隐藏的应然内核曾引起争议，以至于有人牺牲生命（布鲁诺）。在文本能否被解译为应然命题一事上，读者意图起到的决定性作用，其程度至少与书写者意图不相上下。观察科学文本如何通过"科学主义"的解译而被扭曲成行为模型，就能直接而漫画式地看出这点。这种遵从性阅读基于文本的线性结构，它违背科学家的意志而将他们当作权威。眼睛必须顺着字行才能接收消息。这样一来，所有书写者都成了作者和权威，无论他们是否愿意。然而，对文本的忠诚，这种狡猾的奴役形式，也可能导致离奇的扭曲。因为无论是匆忙地浏览，还是沿着每一行字缓慢地爬行，都同样可能意味着遵从性地解译文本。在这样的爬行中，除了绝对的字面意义之外，读者会失去其他所有的文本层面。对字母的忠诚（如某些卡巴拉教派①的实践，以及某些宗教和政治运动）显示了这种遵从性阅读的极限，即文本崇拜的危险潜伏在任何一种书写中。那些担心图像极权主义的人也需要考虑这种致命的文字极权主义。

（c）批判："Kritik"（批判）和"Kriminalität"（罪犯）这两个词分别来自古希腊语的 κρίνειν 和拉丁文的 cernere，意思分别类似于"分开"和"犯罪"。至少自启蒙运动以来（尤其是康德之后），我们就知道了这组双重含义，因为很

---

① 卡巴拉教派（Kabbalah），犹太神秘主义中的思想流派。

显然，从事批判的人和所批判的对象都从自己的角度将对方视为罪犯。批判性地阅读文本就是将书写者视为罪犯，同时对其犯下罪行。整件事都沉浸在犯罪的基调中。读者变成了侦探或凶手，而且有可能发生——如在某些侦探小说中——侦探就是凶手的情形。书写者终归是罪犯，因为他总是撒谎，即使他自己并没有意识到。批判性的读者逆向地在字里行间阅读，进入书写者的内心，进入他的语境，进入他的无意识来发现他的谎言。因此，读者发现书写者所认为的真实，其实是阶级意识形态、升华作用①或其他一些客观上可以确定的偏见。批判性的读者还能进一步发现书写者在有意识地撒谎。这种解译在报纸文本中尤其成功，因为报纸文本预期读者遵从性地、非批判性地阅读，因此可以肆无忌惮地撒谎。批判性的读者总是罪犯，因为他没有抓住向自己迎面伸出的带有兄弟般情谊的手臂，而是沿着这只手臂一直推进到书写者那里，从内部将他撕裂。尽管如此，许多书写者仍在寻找这样的批判，因为通过这种方式，他们才能发现书写时的内心。理想情况下，他们希望同时获得注解和批判，但这是不可能实现的要求。因为注解是从文本向外发展的，而批判则是深入并贯穿文本的。启蒙运动的历史可以被描述为这种贯穿的进

---

① 升华作用（Sublimation），精神分析术语，指将意识上不能接受的本能冲动转为可被个人和社会所接受的无意识的防御机制。

程：一开始，启蒙运动针对文本（在康德那里，是针对科学和哲学文本；在卢梭那里，是针对政治和美学文本），然后穿透到书写者（如马克思或弗洛伊德），最后，如在法兰克福学派那里，变成了一场绝望的大屠杀，以谎言的手段终结一切谎言。从这个意义上说，批判性阅读、启蒙运动也可以被视为已经成功结束。所有文本，包括批判性文本本身，都变得可以被批判性地解译，所有字行都像衔尾蛇一样自我蚕食。

书写有两个基本动机：私人动机（整理自己的思想）和政治动机（为他者提供信息）。今天，人们已经接受了足够的启蒙，可以对这两个动机做出说明。整理思想是一个机械过程，这在文字排列上就可以看出来，可以交给人工智能来处理。只要还能找到读者，那么书写所面向的读者就是注解者（他们不断重复所写直至令人厌烦）、遵从者（他们作为客体受制于所写）或批判者（他们会撕碎所写）。因此，书写的荒谬感之所以给许多书写者造成困扰，不能仅仅归咎于文本的泛滥或更合适的符码正在兴起等外在事实。毋宁说，它是书写作为一种参与、作为一种表达性的姿态而被意识到的结果。对文化场景的观察只是其次，对自己的观察才能让书写者意识到，他的丧钟已经敲响。

下面的例子就体现了这种悲观情绪。在我打字时，我试图做两件事：把我关于书写已经衰落的想法整理成一定顺序，并传达给他者。然而，我几乎可以确定，我在整理自己的想法时犯了一些错误，如果我把它们编入计算机程序，这些错误就能得到消除。而且，我确切知道，我的文字将会如何得到解读，只要有人在文本泛滥的情况下仍去读它。那就是，它或将被不断重复，或被草率浏览，或有可能表明我有意无意地撒了谎。上面所写的内容，也适用于前文关于书写过程所作的譬喻：衔尾蛇。尽管如此，我还是写了。这个"尽管如此"就像一个无形的标题，笼罩着当今写下的所有文字。

书写者又为何要抱怨呢？毕竟，在成为书写者之前，他们首先是读者，阅读在本体论和生活史的角度都先于书写。写下的一切都是对匆忙的、批判性阅读的文本做出的注解性回答。最终是读者以各种方式吞噬了文字。如果作为读者的书写者吞噬了他者的文字，那么不足为奇的是，一旦书写者得到了启蒙，他也势必吞噬自己的书写（他在书写这些文字的过程中就已经开始了吞噬）。他不过是学会了如何解译自己加密的密码。剩下的只是空容器。一旦我们知道，书写就是写出一连串的"零"，"密码"这个词就恢复了它原本沉闷的含义。

对书写和阅读的思考不能停留在这样的零点上。如果这种方式行不通，就必须尝试另外的方式。

12

书　籍

这部思考文字的文字，这个"题字"，至此不情不愿 95E/91D
地得出了这样一个结论：我们应该预料到书写的衰落，并
且这是一系列不同方向上的原因汇聚的结果。它们可归纳
为：一种新的意识正在形成。为了表达和传播自身，这种
新的意识发展出了非字母数字符码，并看透了书写的姿
态是一种荒谬的行为，因此需要从中解脱出来。问题在
于，这个不情愿地得出的结论是否为必然的，我们是否
有可能避免它。我们实际担心的是，随着书写的衰落，批
判能力也会随之丧失。无论这一动机是否合理（我们继
续参与书写是否合理，批判是否与书写相关联，或者批判
到底是否为一种可取的思维方式），这一动机都足以让我
们开始新的思考。不从书写的姿态开始，而从所写的具体
当下开始。

　　如果放弃文字，包装纸将成为唯一的纸张类型。在思
乡之情的驱使下，纤维素会回到自己的细胞中，森林恢复

绿意，芦苇不仅会在尼罗河畔的晨风中摇曳，而且在世界的所有水域都是如此。这种绿色乌托邦，难道不会让我们这些白蚁般蛀纸的书虫感到恐惧吗？

自然，到那时，肯定会出现比图书馆更好的人工存储器（Gedächtnis）[①]。迄今所有存储在图书馆中的内容，都将被转移到这些新的存储器中。《大不列颠百科全书》的内容将占不到一立方厘米的空间，只要按下一个键，就能立即获得其中包含的任何信息。届时，将有一些装置使人们想要的任何信息以有声图像的形式在屏幕上显示，自动从不同角度对其进行验证，并推导出最终结果。所有这些验证和推导，都将自动反馈到那不足一立方厘米的"百科全书"中。它将自行生长，却又不超过人工存储器中所存储的信息的一个微小部分。这一切，连同绿色的森林和随风摇曳的芦苇，应该让人感到欣喜而不是恐惧。

但是，对我们这些与纸结缘的人来说，高功能的自动存储器，抑或绿色的森林，这些都是远足游览的地方，而不是生活的地方。我们居住在纸上，我们习惯于纸，因为它是如此熟悉，如此普通，所以我们将其神圣化，以便在其熟悉的表面下仍能感知它。例如，"Bibel"（圣经）一词源于古希腊语的"βύβλος"，希腊人就是这样称呼"纸莎草"（papyros）的。千百年来，我们一直在咀嚼纸张，以

---

① 字面意思是"人工记忆（体）"。

— 108 —

至于这种沾满我们唾液的纸浆已经成为我们存在的一部分。没有纸，我们就不再真正存在，也就无法踏上前往人工存储器或绿色森林的旅程。纸张是吸收我们所有体验和认知的基质，无论是人工存储器中冒险旅途的路标，还是森林中模糊的绿色斑点。不能留于纸面的东西令我们怀疑，它可能什么都算不上。纸张是我们的家园，即使这个家园威胁着我们，就像汹涌的大海一样会淹没我们。因此，我们可以说，信息革命不仅拯救了森林，也使我们免于被纸张淹没的危险。但我们是书虫，我们吃的正是正在吞噬我们的东西。我们以书为生，为书而活。

　　从某种角度看，书籍是从森林进入人工智能领地的过渡地带。它始终是森林的一部分："Buch"是树名，"liber"是树皮，源于古希腊语中的"λεπίς"（壳），而后者又源于古希腊语中的"λεπ"（剥）。书是从森林里剥离出来的，它的叶子（页面）说了它们恰好所说的。但书也是一种人工智能，因为它也是人工存储器，组成它的信息是从比特（字母）中计算得出的。书可以被看作人们通往人工智能的必经之路（即使在这条路上人们花了数千年的时间）。但我们完全不这么看待书籍。我们不认为，它之所以从埃及芦苇中被剥离出来、卷起来，经过折叠、切割、缝合和捆绑，是为了最终溶解在上述的一立方厘米中。我们在它身上看不到这些东西，因为它背对着我们。它不是沉默或轻蔑地背对着我们，而是带着一种诱人的、许诺的

97E

93D

姿态。它背负着诱惑。它希望我们翻转它，翻开它，翻阅它。书脊诱惑我们的这三个动作，是树木或人工智能无法做到的。它们是介于两者之间的中间阶段的特征。我们离开森林所获得的，以及将被再次夺走的，就是翻转、翻开和翻阅。

（a）翻转：图书馆的墙壁与其他所有墙壁有着本质区别。墙是区分公共空间和私人空间的设备。这种由墙壁做出的区隔可谓性命攸关，因为人类的生命就在公共和私人空间之间摇摆不定。人居住在墙的后面，也在墙的前面行走。为了实现这种往返，必须对墙体有所破坏。墙壁上要留有供人出入的开口（门），也要留有其他开口（窗），人们可以通过这些开口私下察知公共事务，也可以通过这些开口公开地展露私事。墙壁要挂上图像，以记录所经历和所察知的事物。无论把电视和电脑屏幕视为窗户还是图像，它们无疑都与墙的结构和功能结合。我们面对的是技术发达的墙壁，在这种墙壁中，窗户和图像的功能辩证地相互超越和扬弃，使门成为多余。

但图书馆的墙与众不同，功能也不同。书脊一字排开，构成了第二级的墙，位于真正的墙壁之前。在书脊和实际墙壁之间是一个纸质区域，根据刚才所作的思考，这里有无数手臂正试图抓住我们。只有我们自己朝它们的方向伸出一只手臂，将书脊从墙上拉出，并将书本翻转过来，这些手臂才能抓住我们。

"翻转"是"革命"（Revolution）的同义词。随着书的抽出和翻转，发生了两件事。首先，我们看到了被抽出的书的后面，那一堵真正的墙。其次，我们可以抓住另一个人向我们伸出的手臂。"革命"难道不也就意味着，看到那将我们相互之间分割开的墙壁，以求能够抓住对方〔无论是（暴力的）抓住（angreifbar），还是（思想上的）把握（begreifbar），抑或是（相互利用的）牵制（gegenseitig ergriffen）〕？

革命提出了两个问题：支持什么和反对什么？通常，"反对什么"的答案比较容易给出。对翻转书籍而言，答案很明确：反对墙壁。对科学革命而言，答案也同样明确：要揭露科学的围墙，也就是它的范式，从而突破围墙。在根本性的革命中，例如，工业革命或当前的信息革命，墙壁就不那么明显了。革命"支持什么"就更不清楚了。关注革命者宣称的意图并无多大帮助，因为他们自己也无法预见"为了什么"。俄国革命者并不知道他们会建立现在的苏联。然而，随着一本书被翻转，所有革命的"为了什么"都变得清晰起来：为了他者。抽出并翻转一本书可以作为革命姿态的模型。

除了图书馆的墙，没有一堵墙是可以革命的。用脑袋去撞墙毫无意义。更合理的做法是穿门而过，透过窗户看，或往墙上悬挂图像，因为所有的他者都在它外面，只

95D

99E

— 111 —

有在那里才能触及。然而，图书馆的墙不但允许甚至要求革命的姿态，因为他者已经在里面了。只有在图书馆墙的历史宇宙中，革命才是可能的，而不是在技术图像的宇宙中。

(b) 翻开：一本书被抽出并翻转，放在桌上等待翻开。在这里，人们所面临的选择与在众多书籍中抽出一本书有所不同。在众多书籍中选择一本书，是对选择本身的挑战，因为很明显，只能从有限的数量中做出选择，而图书馆的墙壁已经变得过于巨大而无法把握，人们只能不加选择地抓取——要么碰运气，要么按照与书籍无关的标准。（稍后在讨论代议制民主的衰落时，或许会再涉及这一点。）另一方面，在选择翻开方式时，有四种方法。一种是翻开目录，一种是查看名词与人名索引，一种是寻找图片，还有一种是根本不翻开而是翻阅。最后一种方法实际上避免了选择，我们将对其单独加以讨论。

人们翻开目录，确定书的内容。一个人抓住另一个人的手臂，不是为了他自己，而是为了他所关心的事物。这种事物性的翻开方式，是自上而下地俯瞰书本。这样读书时，他就站在了事物之上，从而能够从上往下地对待它。从统计学的角度来考察那些翻开目录页的读者，是非常有诱惑力的。我们有多少人，会攀爬到事物之上，却是为了从高处再次潜入其中呢？

翻开名词与人名索引，就能确定作者所处的社会。不仅是人名，就连事物也表明了这一点，因为它们都是一个社会所共有的。抓住他者的手臂，以参与他者的社会。书籍的翻开发生在主体之间，这一行为构成了对话的一部分，并邀请人们参与其中。包括本书在内的许多书籍，都没有这样的索引。不一定是因为它们拒绝与读者对话，而是因为它们拒绝与社会接轨。因此，对于以这种方式打开一本书的人来说，没有这样的索引是一种刺激，也是一种挑战：他感到恼火，因为他不知道在与谁打交道，他面临着挑战，要认识到自己抓住的那个人是一个"他者"（而不能是他所认识的人）。只有接受了这一挑战，才可能产生新的对话，而不是延续已经开始的对话。

人们翻开插图，是为了想象自己从一开始就应该掌握的知识。一个正直的人在这样做时会心怀愧疚，因为他知道，把插图放进书里，是为了让人们在所写文字发挥作用的情况下看待它们。这种愧疚是历史感扭曲的表现：史前的图像比那些融入文本的图像更受欢迎。在这里，一个统计数字也会有所帮助：我们当中有多少人是以这种方式翻开书的（就像儿童和其他文盲一样），他们这样做是出于史前意识的残存碎片，还是出于正在产生的新意识？没有插图的书籍所传达的概念，要么无法得到表现，要么不愿得到表现。人们要么无法绘制插图，要么不愿绘制插图。

翻开书本是一种姿态，它选择用何种读法对待这本翻开了的书。现在，我们有可能在这方面获得帮助（如卡片式档案），以及采用借助人工存储器而开发的技术或装置（摘要服务、信息和文献中心等），以使得图书馆中实际的选择不必在墙前进行，而是由墙本身来完成。选择能力构成了自由的一个重要方面。在翻转书本的革命之后，还应该选择如何翻开它。人工存储器并不能被人翻开，甚至最古老的书籍也开始退出作为选择对象的行列。这可以看作代议制民主衰落的征兆。

　　（c）翻阅：自由包括选择的能力，而选择的必然性则表明，它实际上是一种假装为自由的不自由。它否定了两种边缘情况：一种情况是由于标准不足而无法做出选择（如无法纵观的数量），另一种情况是所有选择都具有相同的价值（布里丹之驴①）。因此，无法选择也是自由的一个重要方面。任由偶然性发挥作用，同样与自由有关。这是关于翻阅的姿态。

　　如果任由书页在指间划过，人们就会期望，偶然碰到一些东西，使自己能够从书中松散的端点开始，找到编织这本书的线索。这是一件迷宫般的事情，就好像寻找阿里

---

① 布里丹之驴（Buridans Esel），一则以 14 世纪法国哲学家布里丹名字命名的寓言，设想有一头完全理性的驴，处于两堆等量、等质的干草中间，这头驴最后饿死了，因为它不能对究竟该吃哪一堆干草作出任何理性的决定。

阿德涅的线头①那样。

如果对偶然性展开分析，人们会发现一系列的原因——例如，引人注目的字形——都是为了让翻阅者"偶然地"停下来。然而，如果对原因进行分析，人们又会发现背后的一系列偶然，例如，引人注目的字形是作者或排字工人随机地从现有的字形中抽取出来的。偶然和因果的层层叠加，所有的解释构成了相互交错的结构，使翻阅本身成为人们采取特定读法的原因，人们根据这种读法来解译被"翻阅"的书。这也如同有各种方法翻开一本书。（"混乱是未解释的秩序，秩序是未解释的混乱"，就是这个意思。）

对于真正的人工存储器，就没有翻阅可言了。

如果书籍被更高功能的存储器取代，那么就会有比翻开或翻阅书籍精巧得多的方法，来使书本中存储的信息得以显现。与这种方法有关的一整套科学技术正在出现。意图翻转这些存储器是毫无意义的——除非是负责修复意外损坏的专家。至于由这些专家展开的革命，目前还不存在。我们将失去低功能的可能性——翻转、选择或任由偶然，即低功能的历史自由。我们是书虫，是反对自动化装

---

① 阿里阿德涅（Ariadne），希腊神话人物，传说她爱上了雅典英雄忒修斯，并且在代达罗斯给予的一条线的帮助下，成功穿越迷宫，杀死了半牛半人的妖怪，也是她同母异父的弟弟弥诺陶洛斯。

置和绿色森林的生物，这不是出于恋书癖——今天看来是恋尸癖——而是出于对历史自由的义务。这就是我们的"蠕虫般的感觉"，这种以尸体（书籍）为养分之感，解释了我们为什么害怕抛弃书籍。

13

书　信

德语中"Brief"（书信）一词的本意是"短篇文字" （法语的"brevet"），它在英语中的同形词（brief）意味着"简短的书面摘要"。但在德语中已不再使用这个意义，毕竟有的信很长。这里指的是不打算发表、不以出版者为对象的文本——尽管许多书信已经出版，还有更多表面上以特定收信人为对象的书信，实际上也在向出版者暗通款曲。

在前一章中，我们说到书写的时代是森林与自动化装置之间的过渡阶段。在此背景下，书信也只是森林中回荡的声音与我们在自动驾驶汽车（roboterisierte Autos）中忘记系安全带时听到的声音之间过渡的表现形式。即使是现在，它们的过渡地位也显而易见。例如，在没有文字的时代，"要在患难之日求告（anrufen）我"① 意味着人们应该向上帝呼告。在历史上，人们曾为此制定过书面戒律，而

---

① 《诗篇》50：15。

— 117 —

今天，对于呼叫（anrufen）这个词，人们首先想到的是电话，即使知道不可能在号码簿中找到正确的号码。

令人奇怪的是，电话作为有线网络的第一个实例，并没有取代邮政服务。因此，在法国邮政总局的缩写PTT[1]中，P（邮政）仍然是第一个字母，T（电话）则是最后一个。一旦电话与计算机结合，实现远程通信（Telematik），这种情况就会改变。正如我们开始意识到的那样，这并不一定会导致集中的国有化，而是可能导致分散的私有化（如美国和日本）。然而，事实上邮政系统目前与电话网络一样不堪重负，也包括法国率先引入的早期远程信息雏形 Minitel[2]。写信——也包括读信——一定和某种事物有关，使两者还能保持活力。

我不知道是否有人写过关于邮政的哲学。这种哲学一定是从对"等待"的分析开始的。书信是人们等待的东西，或者说它们是不期而至的。当然，等待是一个宗教范畴：它意味着希望。邮局就建立在希望的原理（Prinzip Hoffnung）之上。邮递员，这些乍看起来仿佛来自中世纪的工作人员，是天使（"Engel"这个单词来自古希腊语的 Άγγελος，"使者"），他们携带的是福音（好消息，合乎支

---

① PTT，该组织从1921年开始管理法国的邮政服务和电信业务，直到1991年拆分为法国邮政和法国电信两家国有企业，其缩写分别代表邮政（postes）、电报（télégraphes）和电话（téléphones）。

② Minitel，法国在1978—2012年间提供的一项电信服务，它通过电话线路构建了一个全国性的计算机网络。

持邮政得以运转的希望）。不能说如果邮局消失了，一切就不再有希望。人们也会带着恐惧与战栗等待电话，而一旦电话铃突然响起，那就如同晴天霹雳一般。但等待书信的持续时间和节奏则不同。对书信的期盼可能长达数周，而且这种期盼主要凝结在每一天的特定时段。这样的描述也适用于节庆活动的持续时间和节奏。也许，书信之所以还能勉强维持，是因为它提供了我们所剩无几的节庆元素。对书信的思考就从这一点开始：书信是为节庆所作的文字。

与一切节庆活动一样，书信也遵循既定的仪式。例如，一封信会有一个回信地址（通常是打印的）、一个日期行（注明写作完成的地点和日期）、收信人的地址以及对收信人的正式问候。信的结尾是同样正式的结束语和落款。这些固定程式中的每一种都是合理的，因为每种程式都有书信所追求的目标的合理功能。所有仪式也是如此：例如，犹太人的饮食仪式就可以被解释为卫生措施。但这种解释忽略了关键的一点，即其中荒谬的姿态。想象一下，有人用"尊敬的先生"来口头称呼他人，或者用"此致敬礼"来结束谈话，这种荒谬感就显而易见了。

从历史、地理或社会文化的角度（姑且不谈其他角度）对书信仪式进行研究，将为我们认识社会做出宝贵的贡献。比较当代与巴洛克时代书信中的陈词滥调、英文与

105E/101D

法文的通信、商务信函与情书，我们都会注意到形式上的社会标准，更不用说结构上的社会标准。书信具有某种节庆的性质，甚而带有"正教"的性质（即所有人都参与其中），但其仪式与主祭人的社会地位相适应。这些仪式也是可塑的：仪式中的主祭人有许多微妙的程式可以选择，并可自行调整。当代教会仪式的改革远未达到书信仪式的普遍性和可塑性。

由此可见，书写信与创作诗歌密切相关。除了语法和正字法规则外，写信人还需要遵守其他规则（就像诗歌中的格律），这些补充规则是节庆式的：既合理又荒谬，既僵硬又灵活。这样，书写者就有两种策略可供选择：第一种是"古典"策略，即书写者关注的是按照规则并通过规则来创作一个结构化的整体；第二种是"浪漫"策略，即书写者关注的是规则的变通和创造性扩展。诗学（以及由此产生的一般艺术）的这种动力，在古典与浪漫之间摇摆，而无论是在历史还是个人意义上，这也正是书信书写的特点。因此，它被视为最精致的艺术之一。

它正在衰落。书信曾盛极一时，在罗马晚期，在希伯来的"回应文学"（Responsenliteratur），在 18 世纪，都有过其巅峰，而目前的衰落也并非前所未有。但这种衰落具有新的特征。这不是指书信艺术的衰落，而是指传统意义上艺术的衰落，是指书写的全面衰落——是节庆基调的衰落。

书信封好后被扔进黑箱（尽管这些箱子被涂成黄色、红色或蓝色），再从其他地方的黑箱（如邮箱）中被抽出并打开。整个过程是在秘密中进行的，浸润于书信的秘密之中，事实上，众神的信使赫耳墨斯（Hermes）就是看护邮政的天使。邮政服务的秘契（Hermetik）类似于所有黑箱，可以通过控制论进行解析。在其他圈层（如大气层和生物圈）之外，地球还有一个"邮政圈"，这是一个越来越稠密的信道网络。但是，"邮政圈"不能被视为一个封闭的系统（如生物圈）。它依靠被舂成纸的植物、书写文字的人类和（在使用羽毛笔书写时）被拔毛的鸟类滋养自己。由于它不是一个封闭的系统，所以熵增不构成威胁，但它所依赖的外部资源可能会枯竭。亚马逊森林的砍伐对"邮政圈"的威胁不亚于字母数字符码的衰落。出于对"邮政圈"的源泉可能会枯竭的先见之明，它与电报和电话领域被合并为 PTT。但电话和电报的圈层与邮政圈是不同的。不同于远洋的轮船、在地面开行的火车和汽车，或是在空气中飞行的飞机，电报和电话不再由地球支撑。相反，它们在无须支撑的电磁场中运行。与电报和电话的连接将邮政从地球上撕裂开来，也脱离了它的秘密性。

连结全球的邮政纽带（就像共济会）试图适应这种与地球的分离，但徒劳无功，因为它（就像共济会）本质上是古老的事物。尽管它有各种化身，看起来仍旧像罗马时代的特别信使，匆匆忙忙地从一个军事驻地赶往另一个军

— 121 —

事驻地，又像驿卒，吹着号角进入中世纪的城镇。再仔细观察，还能认出吟游诗人，他们匆忙从一个村庄赶往另一个村庄。然而，正是邮政服务的古老之处，正是这些封口和拆封的古老姿态，解释了邮政服务为何仍然具有吸引力。我们正处于跳出地球的时刻，在身体上，甚至更多地是在思想上，抛弃了一切来自幽冥（Chthonische）的东西、一切依附于大地母亲的东西。从而，我们渴望回到大地母亲子宫般的洞穴，回到隐藏在七重封印之后的秘密[1]，回到厄琉息斯秘仪[2]，邮政是其最后的形式。

107E
103D

　　克尔凯郭尔描述了书信的接收方式，这些或是焦急等待的、或是意外出现的纸张，从大邮袋中吐出。首先，它们得到解译，就像所有其他文本一样。然后再从字里行间读出意义。克尔凯郭尔认为，它们的读法与《圣经》是一样的，《圣经》是所有书信中的书信；如果不这样读，那么它就不是《圣经》。任何文本的阅读都可以像读信一样，也就是说，不是批判性地读，而是试图辨别承认（anerkennen）[3] 发信人。当然，如果这封信被证明是谎言，那么对发信人的承认就会变成批判。信是任何文本阅读最

---

① 参见《启示录》。

② 厄琉息斯秘仪（Ελευσίνια Μυστήρια），古希腊时期位于雅典西北部厄琉息斯的一个秘密教派的年度入会仪式，这个教派崇拜女神得墨忒耳及其女儿珀耳塞福涅。

③ anerkennen 通常的意思是"辨认"，但它包含了 erkennen（承认）一词而与后文呼应，因此翻译为"辨别承认"。

高形式的模型。

我们拥有能让我们想象阅读书信的场景的图像：圣母领报图。送信人是天使长加百列，收信人是圣母玛利亚。后来的学者将玛利亚惊讶、退缩的举止解释为对天使隐藏的阳具的反应，它将把"种子似的话语"（λόγος σπερματικός）带给玛丽亚。然而，神学坚持认为这是一个"象征性"过程，而不是生理过程。天使携带的是一封信，而非阳具。玛利亚退缩是因为她被告知要读这封信，然后为写下的话语（逻各斯）赋予肉身。当同一位天使长开始向穆罕默德口述《古兰经》时，穆罕默德一定也感到非常震惊（上帝不得不尝试两次，因为众所周知，邮局并不总是能正常工作）。玛利亚、穆罕默德以及所有收到书信的人所经历的，是自我向他者敞开的过程，那个他者从秘契隐藏的秘密中显现。

鉴于邮政服务的现状，这一点已无法实现，因为现在从秘密中显露出来的主要是广告（在形式和内容上都是虚假的书信）和有待支付的账单（即隐晦的恐吓信）。广告应在不拆封的情况下扔掉，账单也要尽快从世界上消灭。在这不祥的纸张洪流中，偶尔也会出现真正的书信，但大多数情况下，只要给它们一点时间，这些书信就会自行解决。如今的邮政服务不再是一种向他者的开放，而是一种封闭，不再属于无玷始胎（unbefleckter Empfängnis），而是属于充满了保护措施并被此玷污的受胎。不仅不可能把所

104D

108E

有文本都当作书信来阅读，就连阅读书信也变成了批判性的阅读。

书信的节庆性质，它的宗教基调，产生于它的秘密，取决于我们将书信投进邮政黑箱开口处时所作的神秘封印。这是宗教性的，因为正是出于对邮政的相信和信任，我们才将秘密托付给它。与此同时，我们也认识到，带着一定程度的怀疑来对待邮政是明智之举。任何密封方式，无论其作用如何，都无法保守秘密。公共启蒙的凡俗之光渗透到所有被上锁和密封的事物中，因为保密的洞穴已经出现了裂缝。公共、公众、"常人"（das Man）的利益已经渗透到所有私密、黑暗和无法解释的事物中。"常人"以审查员的形象从裂缝中挤进了书信的秘密。书信不再只写给一个预定的人，而是不情愿地写给一个闯入者，这个闯入者在"常人"无差别的迷雾中出现，没有面孔。不露面的闯入者实际上遮蔽了那些心甘情愿认出彼此的人的面孔：节庆并不荒谬，而是变得自相矛盾。

书信是不愿公开的文字，但可以通过审查员强行进入匿名的公共领域。邮政是秘密的黑箱，上面已经出现裂缝。不需要地面支撑却能在电磁场中凭空振荡的网，已经成为主体间消息的载体。写信、读信的节庆性质和神秘感消失了。等待、守望、期待的生存论态度，随着电磁波传

105D
109E

— 124 —

播消息时宇宙尺度的同步性而成为多余。希望不再是期待，而是变成了惊讶。写信不再有任何意义。

然而，随着电传打字机以及后来功能更强大的远程通信媒介取代书信和邮政，我们可以看到连同被称为"信"的纸张一同失去的东西：一个最后的开口，我们希望通过它来认可他者。因为无论如何解译远程通信传递来的信息，无论以何种方式回复，我们都无法从字里行间读懂它。我们有了一种新的节庆性质，一种新的秘密，一种新的承认他者的形式，它是如此完全地出乎意料，以至于我们惊讶得无法再从中辨识出它是一封书信。我们忘记了写信的艺术，又还没有学会新的主体间性的艺术，也就是计算机艺术。我们被剥夺了书信（被一个不露面却戴着各种面具的"常人"），沦为无关联的大众；但我们仍然预感，大众媒介正在开始向主体间的、类似信一样的媒介分化。仅凭这种模糊的预感而非更为强烈的"希望"，我们才可以面对书信和邮政服务的消亡。

一个模糊的预感开始成形，不过是以支票（Geldbrief）的形式。支票是一封写给银行的信，指示银行把钱交给持票人。如今，装有存储装置的塑料卡取而代之。也许这种智能银行卡是未来所有书信的先驱。它并没有节庆性质，却有很多秘密。与书本不同，书信有可能一跃进入信息化时代，有可能在文字衰落之后仍然存在。展望未来，地球被智能塑料卡包裹着，它们像蜜蜂一样飞来飞去，用听不

106D 　见的嗡嗡声把人与人之间的关系像蜜糖线一样编织起来。到那时，我们这些蛀纸的白蚁将变成蜂巢中舔蜜的居民。对这一发展的评估必须留给那些仍然对价值观有所认知的人，或者那些假装还拥有价值观的人。

14

报　纸

　　与报纸有关的大量文献，以及散布在世界各地的无数新闻学院，都在讨论一个值得注意的事实：尽管有电视、广播，而且直到不久前还有每周新闻影片，但每天仍有这些折页的小册子飞进我们的家中。或者它们每天都叠着翅膀在特制的笼子里等候，这些折页的目的就是让我们上当。这不可能仅仅是因为新闻纸是合适的包装纸——这种解释并不充分，原因有二。第一，因为有更好的包装材料，而用来包裹肉块的报纸看起来就像是过时的马车一样。第二，这种解释对研究报纸的学者来说不够优雅，不足以被认真对待。所以，报纸真的像马车一样过时了吗？即便其采用的技术不断改进，其相应的书写方式也随着最新的信息和传播理论而改进，而且其生产和营销由日益完善的系统所控制？研究报纸的专家提出了更为深入而复杂的解释，以证明并预测信息电磁化的背景下印刷报纸仍将持续存在。

这些深入而复杂的解释（在此不作赘述）丝毫改变不了报纸已不应继续存在的事实。不过，对于报纸没有消失，还有一个平凡的解释：尽管它们看似融入了电磁化的信息洪流中而不为所动，但事实上，它们已完全成为其曾经所是的反面。在广播和其他新媒介出现之前，报纸相较于所有其他媒介（书籍、杂志等），都是一种短暂的、临时的、很快就会过时的存储器。它注定会被遗忘。没有什么比昨天的报纸更过时了。后来，与新媒介相比，报纸成了一种持久的存储器，即使它在时间上滞后，仍能保存通过屏幕所看到的和通过扬声器所听到的。事实上，这些内容也可以更安全地存储在录音带和录像带上，但目前，这些新的存储器并没有从发送者大量传递到接收者。它们被堵在某个地方，耐心地等待合适的传播渠道。报纸不是与广播或电视竞争，而是与这种存储磁带竞争。令人惊讶的不是报纸的存续，而是媒介上的交通堵塞。值得考虑的是转变为临时性录音带和录像带的报纸。

这是一个关乎"持续"（Dauer）的问题。"持续"是一个有别于"时间"（Zeit）的范畴。自电磁化以来，最好将报纸（Zeitung）称为"持久纸"（Dauerung）。报纸内容应该比广播或电视内容持续得更久一些；它在接收者的"当下"所保持的时间应该更长一些。电磁发信器发出的信息与报纸大致相同，但由于它们没有基质（它们是"非物质"的），因此它们在时间中不间断地运行，不会停留在某个当下。接收者需要在时间流逝的过程中将信息吸收到记忆里，以便将其存储并在稍后进行处理。而报纸则是一种人造的记忆，它可以被处理、揉皱、剪开，总之，可以被把握。它对接收者的记忆负担没有那么高。因此，与大理石或矿石相比，纸张是一种短暂的记忆，但在电磁媒介中，它却成为一种持久的记忆——直到磁带和唱片取而代之。

"持续"的概念超越时间，指向与永恒相关的"持续的现在"（nunc stans）。报纸已成为"持久纸"，是一种指向永恒的消息。某些为报纸撰稿的人可能已经意识到了这一点，但大多数阅读报纸的人还没有意识到。对于接收者来说，报纸还保留着传单的特性。他们只是简单浏览一下。许多书写者对报纸的态度与大多数读者对报纸的态度由此产生了分歧，这就对报纸的可持续性提出了更大的质疑，这比与电磁发信器之间的竞争更为重要。为了暂时弥合这一分歧，版面设计（报纸页面的表层设计）试图在视觉上将持久的内容版块与其他内容版块区分开来，希望少数读者在阅读被指定为持久版块的文本时能够区别对待（如将其剪下来）。这样一来，报纸内容就出现了内部矛盾：一部分指向图书馆，另一部分指向废纸篓。因此，有两种完全不同的报纸撰稿人：一种为图书馆撰稿，另一种为废纸篓撰稿。根据这一标准，报纸本身也可分为两类：图书馆主导型和废纸篓主导型。

粗略地说，废纸篓一类可称为"记者"（Journalist），另一类可称为"报纸工作者"（Zeitungsmitarbeiter）。前者可分为雇员和自由记者，后者可分为长期和临时的工作者。但是，尝试做出这种分类，并不是要进行评价；将报纸工作者的价值置于记者之上（如极少数精英所为），或将记者的价值置于报纸工作者之上（如大多数匆忙扫视的报纸读者所为），仍然是错误的。这里对报纸上的书写所做的分类无关价值，意味着它对报纸书写保持冷漠。

这种冷漠（科学性）与报纸工作者和记者的热情参与，形成了鲜明的矛盾。从书写的角度来看，报纸工作者（倾向持续的书写者）的责任感很容易理解。这些人具有历史意识。他们希望通过时间中的行动进入永恒，不管是为了保存自己的思想，还是仅仅为了将自己的名字印成铅字保留在报纸上。对他们来说，报纸是一种载具，带着无数读者一起驶出时间，进入持续。

另一方面，从书写的角度，我们不再能理解记者的责任感，他们是受废纸篓制约的书写者。这些人准备在极端情况下冒着生命危险，比如，确保战争报道通过报纸的分流进入废纸篓。他们准备献出自己的生命，不是为了自己的某些特殊的东西（无论是思想、情感、价值观，甚至只是自己的名字），而是为了信息。这些记者是即将到来的信息社会的英雄，信息社会已经放弃了持续，而且对它来说时间也不再具有历史的结构。未来，一个完整的神话将围绕着记者这个英雄形象凝结起来，我们已经可以看到这个神话是如何编排的。

具有历史意识的报纸工作者与书籍和信件的书写者的区别，仅仅在于"报纸"这一媒介。这些书写者试图向他者伸出手，共同改变世界，并超越这一世界。记者是另一种类型。在19世纪，在第一批电磁媒介出现之前，他们与摄影师一样，是第一批"信息"人类，也就是帮助发展新意识的人。记者和摄影师之间的这种密切关系，这种共同的思想基础，在报纸中得以保留。这就是记者撰写的报纸文章中，图片与文字相结合的内在基础。但由于电磁化的趋势，最符合记者自身存在的媒介其实是广播，更是电视。自从报纸成为"持久纸"以来，记者从报纸向新媒介（未来的英雄所在）迁移的趋势越来越明显。报纸越来越明显地成为报纸工作者的游乐场，甚至成为无法拯救持续的文字作品。"持续"并不适合信息的情境。

把报纸、新闻界说成所谓的第四权力，是不合时宜 的。在19世纪，甚至在20世纪上半叶，这种说法不仅是合理的，而且是预言性的。从过去看，新闻界的确是"第四"权力：它是三大政治权力（无论人们如何称呼它们）的最新补充。但从未来看，它是"第一"权力：在这里，人们第一次清楚地认识到，信息在哪里产生和传播，权力就在哪里。这就是复杂的报业集团和报业寡头兴起的原

— 131 —

因，它们缓慢腐烂的尸体当下正在污染着大气。正如我们所了解到的那样，权力就在信息产生的地方，在全球传播的组合游戏中。今天，人们只能怀旧地谈论新闻界的权力。新闻界不过是当代决策中心的前驱。

首先应当认识到的是，新闻界是在继承传统的政治范畴，而当代的决策中心必须通过控制论来把握。仍有一些报纸为某一特定政党发声，也有一些报纸强调超党派或亚党派立场，却不说明它们支持谁的观点。仍有评论家试图通过报纸来解读政治观点，解读其背后未获承认的利益。就新的权力格局而言，这一切都具有幽灵般的特征。决策中心已经自动化，以复杂的方式相互勾连，做出的决策不再能从政治角度把握：它们不再以利益为基础运作，而是以其他装置的功能为基础。新闻界之所以掩盖这一点，是因为它依附于衰落的政治权力以求生存。如果没有报纸，只有广播和电视，那么当前权力的去政治化和控制论化就会更加清晰地显现出来。

新闻界不是权力，而是被废黜的权力的垂死挣扎。被废黜的权力表现得好像仍能在报纸上表达自己，尽管在现实中已经无话可说。电视上的政治宣传证实了这一点。在那里，政论被吸收进一种新的、信息的意识中：政治是一个"形象"问题，这种说法还很不准确；"视频放送"决定了总统候选人将会是谁。报纸是政治和历史意识的最后避难所，从这个意义上说，它是反动的，尤其是当它以进步

112D
116E

的面目出现时。无论是先进的生产方式、先进的版面设计、先进的发行方式，还是先进的报纸工作者所作的先进的文章，都无法实现进步。报纸之所以反动，是因为它是文字作品，是历史意识的产物。正因为如此，它在新出现的后历史形势面前无能为力。

一旦电磁发信器生产出的录像带、录音带和唱片大量而廉价（也许"免费"）地进入千家万户，储存在影音图书馆中，报纸就会消失。许多报纸试图将自己录制成录像带以求存活。毫无疑问，这首先是为了保留广告，因为报纸以广告为生，也为广告而活。但这只是一个借口。广告可以毫不费力地被电磁发信器吸纳。这种绝望的求生方式，实际上是为了在文字衰落之后维持政治意识的活力，因为视频报纸应该更政治化，而不是去政治化。这是一项自相矛盾的事业。政治意识以字母数字符码的形式表现出来。将其结构转码为图像和声音，就势必失去它的本质特性：线性，一种从过去到未来的持续书写（Fortschreiben）。

随着报纸的消失，仅存的一点历史意识将随之消失，历史自由也随之消失。火星上的观察者会注意到，19世纪和20世纪上半叶围绕自由的斗争，如此地集中于新闻自由。为什么报纸书写者的自由对于人们从各种条件中获得的生存自由，对于各种类型的行为而言，都如此重要？因为政治自由在新闻自由中得到表达。它被视为生存自由的基础。在火星人听来，这可能是虚假的。他可能会问，如果政治自由（不管它意味着什么）掩盖了生存自由，给予了人们政治自由（首先是通过阅读报纸而被"给予"的），而在生存自由方面，他们却艰难度日，完全受制于人，完全没有目标，这是怎么回事呢？对这些火星问题的回答，将决定我们对报纸消失这件事情的态度。

如果我们将政治自由视为一般意义上自由的基础，那么当我们看到报纸被以控制论方式管理的信息生产和传播方式取代时，我们会感到惊恐。如果我们在政治自由中看到的是意识形态对生存自由的遮蔽，那么报纸的消亡就为我们提供了另一种可能。有两种情况：一种情况，报纸作为批判的最后残余而消失，取而代之的是位居中央的发送者，它将所有的认知、价值观和体验编排成程序。在这种情况下，我们将不再能够谈论自由，因为自由这个词本身将没有任何意义。另一种情况是，报纸作为从中央向四周辐射出去的传单而消失，那么在此之后我们将看到一种新的、网络化的信息生产方式，谈论生存自由将第一次变得有意义。

报纸是从中心向外辐射的折页，它们在结构上是"法西斯主义"的。但在这种"法西斯"结构中，新闻自由（和政治自由）找到了话语权。报纸的消失是毫无疑问的。问题是，报纸的"法西斯"结构是否会转移到新媒介中，甚至被强化（正如目前所发生的那样），还是说，随着报纸的消失，会出现其他网络状的信息渠道。自由正遭受质疑。

15

文 具

这里我们说的纸品商店（Papierhandlung）[①]，不是那些通过纸张来要求和诱惑我们的行动（Handlung）或恶行（Mißhandlung），而是那些出售书写用具的商店，尽管即使在后者那里，我们也会遇到前者的情形。文具店之所以值得思虑，是因为在文字衰落之后，它们也将从我们的环境中消失。人们也许会说，不应该把它从所有商店中单独挑出来，因为所有商店都注定会随着文字的衰落而从我们的周遭消失。一旦可以在私人空间内的屏幕上调取信息，那么就可以通过电缆从中央配送点调取任何人们稍感兴趣的商品，这样所有的商店（以及城市）都将成为多余。但文具店就不同了。不仅它们作为商店会变得多余，而且它们

---

① Papierhandlung 字面意思是"纸品商店"，与 Schreibwarenladen（文具店）同义，但它在字面上突出了 Papier（纸张），从而与本书标题形成呼应。本章原以此为题，但所讨论的内容事实上并不限于纸制品，而是包含了与之相关的各种文具。在翻译本章标题时，为与其他章节保持一致，使用"文具"为题，这样可以从"文"的角度呼应本书标题。

出售的东西也会变得多余。信息革命是一场政治革命：城市（polis，城邦）在走向灭亡；它也是一场文化革命：文字文化在走向灭亡。

从文具店中可以看出文字文化的失落。除了打字机和更古老的书写用具外，文具店里还摆放着越来越多的文字处理机，这些文字处理机显然很快就会被代之以不消耗任何纸张而又功能更强的人工智能。文具店里的陈列是为了埋葬纸张，而不是赞美它。这种埋葬最令人惆怅的肯定是打字机。我们悼念的不是技术上相当古旧的键盘或恶意地不断卡住的墨带，而是字母数字组成的记忆。对于新键盘的出现，对于乱糟糟的墨带的消失，我们也表示欢迎。但是，我们不再能与字母、阿拉伯数字以及 § 、& 或 $ 等奇特的表意文字眉来眼去，它们不再与我们暗中结为字母数字符码的联盟。这是令人痛惜的。

120E

目前人们还不清楚，字母是如何储存在大脑记忆中的，又或者大脑中是否有特定的部位储存字母。这个问题本身就很棘手：在智人出现的时候，大脑中是否就已经预设了一个储存字母的地方，进而，从地球上有生命开始，它就已经存在于遗传信息中？还是说大脑的这种功能只存在了约三千年？一旦能够回答这个问题（这应该不远了），达尔文主义和拉马克主义就都会得到超越。但打字机还有别的问题。在打字机上，字母是根据它们在特定书面语言中出现的频率来存储的，这样手指就可以轻松地调用那些

115D

出现频率最高的字母：这就是应用信息论，早在信息论的理论得以提出之前就已发挥作用。这是打字机对"理论与实践之间的辩证关系"这一认识论问题所作的贡献。

这里还涉及另一个辩证法。只要我们打字，字母就在我们的大脑中移动。在英语或德语打字机上，ABCDE变成了QWERT。只要有打字机，字母就一定会在我们的大脑中跳舞，而这种舞蹈的编排肯定会让我们了解到思维的某个重要方面。大脑与打字机之间的这种辩证关系（以眼睛和手指为媒介），导致打字机的一部分移入了我们的大脑，而我们大脑的一部分也移入了打字机。有了打字机，我们的大脑就失去了一部分功能，或者乐观地说：大脑的某种功能获得了释放，可以做其他事情了。

这样，主体与客观世界的界限问题（"我"与"非我"之间的区别），就变得尖锐而引人注目。它揭示了表面上的"自我内核"与表面上的"非我"之间多层次的灰色地带。如果我剪掉指甲、切除阑尾、截肢或用人造器官取代所有器官，世界与我之间的界限是否因此而发生某种挪移？如果有人拿走了我的烟斗、旧衣服，甚至我的房子，两者的关系又会发生什么呢？在这个灰色地带中，本体论上根本无法区分"我的"身体和"我的"用具：指甲比烟斗离"自我内核"更远。同理可得，"我的"记忆也是如此。指甲比储存在我记忆中的莎士比亚离自我内核更远，尽管指甲似乎是从内向外生长，而莎士比亚则是从外向内穿过灰色地带。如果打字机消失了，这片灰色地带也会失去某些东西，它们非常接近我的"自我内核"。如果这个"自我内核"被证明是一个神话，即它是向内收缩的灰色地带的核心，那么打字机的消失就应该被视为自我本身的贫乏。无怪乎当我们思考书写的衰落时，恐惧感就会油然而生。

并非所有书写者都会打字，许多会打字的人也会手写。他们与打字机的关系并不像前面所说的那样密切。许多人认为必须学会打字（就像学会游泳一样），有一些打字学校（就像游泳学校）支持这种观点。甚至还有训练有素的打字员职业。信息化正在终结这种荒谬状况，它明确指出，打字是一种自动化（内化、"我"化），它将书写变成一种姿态，就像走路和说话一样，我们会忘记自己是否曾经学过。

并非所有书写者都只会打字，这点也在文具店留下了印记。除了打字机，这些商店还出售各种书写用笔，除了机打纸和复写纸，还有其他书写纸。至于笔的品种也是多样的，其中有些还是免费提供的，在文具店的语境中，还要考虑到它们的颜色也是多样的。这些与书写的本质相悖，让人联想到绘画，而书写最近数百年的发展恰是为了摆脱绘画的束缚。笔是古老的，因为它让人回忆起刻刀（法语的"stylo"）和绘画。可以看到，真正的书写意识与打字机最为契合，正如从另一个层面来说，对于印刷也是如此。手写的人似乎处于文字文化的边缘，只存在于书法

117D

122E

— 139 —

和笔迹学等中世纪风格的读法仍占据主导的地方。手写类似于古代手稿的碎片，而不是计算机程序。尽管有印刷机和打字机，人们仍然使用手写，这可能要归因于习惯性姿态的顽固惯性。这表明，出于惯性，书写的姿态将像无功能的阑尾一样，在信息化情境中长期存在下去。这是一个小小的安慰。

比铅笔、圆珠笔和钢笔更有趣的是文具店出售的书写纸。它们有活页的、"无尽"的，也有成册的。在这些装订成册的纸张中，用于做笔记的纸张尤其有趣。"Note"（笔记）、"Notiz"（便条）和"notorisch"（声名狼藉）都源自拉丁文的"gnoscere"（知道）一词。记事本为知识服务，在记事本上写字的人就是公证人（Notare）。有些记事本上印有未来一年的星期、日期和时间。这些记事本被冠以"日历"的称谓，是一种误导。我们会发现，自己借助记事本位居历史意识之中。同时，也有一些日历（带有月份标记的彩色图像）远离历史意识，而指向神话中的史前时期。与这种日历形成鲜明对比的是，记事日历不是为观赏或休闲服务的，而是为历史性的行动服务的，因此称其为"日程表"更为准确。记事日历可以作为所有与书写相对应的历史意识和历史知识的模型。

记事日历可以从三个视点来考虑：年初、年中和年末。从第一个视点开始，我们可以看到一年的结构，即所有历史行动的基础，也就是自由所占据的时间范围和边界。从第二个视点出发，我们可以提前占用自由的时段，规划未来的行动。从第三个视点看，有两件事情变得清晰起来：被划掉的计划和一年的历史。综合来看，这三个视点揭示了历史的自由概念及历史知识中的内在矛盾。面向未来的视角看到的是自由空间，面向过去的视角看到的是条件限制，而陷于线性时间内的视角看到的是可能性和概率。因此，回顾过去的知识从因果关系上解释历史，而预测未来的知识则从目的论上解释历史。事情将会按照许多人的意愿发生，但在它们发生的时候，却好像不得不发生。记事日历显示了矛盾的核心：它不允许从历史之外的当下立场来看问题。

在年末读一本记事日历，就如同读一本传记。从年末读到年初（一次冒险活动），则是以条件和偶然的形式看到世界对规划的阻力。两者的背景相同，都是预先印刷出的格子。一旦记事日历被功能更强的存储器和分支更多样的未来化取代，一旦我们使用的是计算机数据而不是书面笔记，那么预先印刷的纸张就会从人们的视线中消失，为不可见的程序腾出空间。一个更新的自由概念将取代历史自由的概念（或者说根本就不再有自由概念），因果解释和目的论解释将被功能性解释取代（如果还有必要解释什么的话）。历史意识的戏剧性（它的悲剧与喜剧），正如它在记事日历中所表现的那样，将让位于另一种生活基调（Lebensstimmung）。

记事日历的情况也适用于所有笔记本。就目前而言，它们都是"自由"这一概念空洞的游乐场，在线性时间的过程中，它们会被各种声名狼藉的条件和偶然充斥。如果由于笔记本变得多余，文具店也随之变得多余，那么我们也就不必再为这一悲喜交加的矛盾而烦恼了。

119D

124E

除了打字机和书写笔，除了机打纸和其他书写用纸，文具店还出售其他书写用具：夹子、文件夹、胶水。总之，这些文具能让人深入了解书面文献的宇宙。特别是橡皮擦，它澄清了前文字的记忆、文本和计算机之间在可能丢失信息方面的区别。进一步的思考或许可以表明弗洛伊德的压抑理论是前字母时代的理论：由于错误的操作而出现的排印错误不仅可以被覆盖（可以被压抑），而且可以被擦除。不过，考虑到这部随笔所要讨论的范围，最好还是不要离题讨论书写用具。

书写用具从文具店搬到我的书桌上，再从那里搬到废纸篓里。废纸篓里的内容会迁移到垃圾中，再从垃圾中迁移到大自然中，然后有可能从大自然中迁移回文具店，成为新的书写用具。但是，从废纸篓到文具店的返回路线是在地下发生的，并没有进入书写意识。从某种意义上说，在废纸篓阶段之后再谈论书写用具是不恰当的。即使在废纸篓里，它们也不再配得上这个名字。真正的书写用具始于文具店，经过书桌，而终于废纸篓。

如果有人为书写用具撰写传记，就是在书写"书写"本身——书写用具是从自然到文化、再作为垃圾回到自然的荒谬循环中涌现的事物。因为"书写用具"这一概念可以从非常宽泛的意义上理解。它可以涵盖整个文字文化。这样，一部文字文化的传记（如西方历史）就会像一个箭头，从文具店的某个地方开始，到当下的废纸篓里结束。而在地下的那一部分，荒谬循环中无人提及的那一部分，只有在废纸篓的后面，在信息化情境中才会再次显现。我们可能是第一代有能力从废纸篓出发书写西方历史的人。因此，当我们展望未来时，我们只能看到废纸篓之后的垃圾。我们的后代将不得不费力地爬出这个废纸篓，以期审视整个循环。

到目前为止，我们从现象学的角度来把握文具店及其最终的消失，这一尝试仍然是碎片式的。我们不能再忽视文具店的关键所在，即书桌。

120D

16

书 桌

在将书桌与即将出现并取代它们的装置进行比较之前，最好先清理一下桌面。空桌不单是由四条腿支撑的板材（通常是木板），或者说某种简化的人造驮兽。在此之上，它还是一个可望而不可即的理想：人们总是想减轻它的负担，一劳永逸地把桌子清空。人们在电视上看到那些表面上有权有势的人坐在宽大而空荡荡的书桌后面，心中充满了羡慕。设身处地想想，就会对权力和书桌有新的认识。德语的"Macht"（权力）一词是动词"mögen"的名词，意为"喜欢"或"想要"。它在罗曼语中的等价形式是动词"能够"的名词形式。① 当有权有势之人坐在一张空桌子后边时，他们还想做什么或能做什么吗？各种可能性和潜能从他们身上迸发出来，不是会撞向空虚吗？这些可

---

① 如在法语中，表示"能够"的情态动词是 pouvoir，其作名词时的意思同样是"权力"。应当注意，Macht 一词也有英语中的 force 之意，即"力""力量"的意思。下文翻译中将按照汉语语习惯选用"力量"或"权力"。

能性和潜能，不就是在书桌上那有待完成的、有组织的混乱中才变成现实的吗？在经过几个世纪反现象学的讨论之后，权力现象学必须首先承认权力是一种来自可能性的进军，这些可能性是在抵抗中成为现实的；从而，权力不是人们必须遵守或必须与之斗争的已经成为现实的东西，相反，权力首先寻求抵抗以成为现实。拒绝抵抗（如空桌子的情况）会否定权力，而人们不需要成为甘地就能看到这一点。只要设想一张空桌子，就足够了。

正是权力意志诱使我们走进文具店，收集各种书写用 126E
具，不断更新并充实我们的书桌。然而，这并不是一种一般意义上的权力意志，而是一种非常特殊的权力，即所谓"笔的权力"（Macht der Feder）。尽管对权力的类型有一整套分类，但笔的权力通常与刀剑的权力形成对比。从笔中散发出来的力量，它所散发出的可能性和潜能［笔的场域 122D（Feld）①］有其特定的结构，尽管我们还没有关于它的适当的场域理论。就像当磁场中有铁屑时，我们能看到磁场的力量是如何实现的。但即使我们像沉浸在电磁场中一样深深地沉浸在笔的场域中，我们仍没有相应的爱因斯坦来建立理论。这可能是因为不同于"自然"的力场，意识形

---

① Feld 即英语中的 field，在社会学中翻译为"场域"，在物理学中则被译为"场"。事实上，社会学的"场域"概念来自对物理学中"场"的类比，作者在此呈现了这一过程。译文中将类比得到的 Feld 概念翻译为"场域"，而将物理学的 Feld 翻译为"场"（如"磁场"）。

态的场域在被单独研究之前，就已经在意识形态上统一起来了。例如，马克思主义试图将包括笔的权力在内的所有权力场域辩证地归结到一个基础场域（"经济基础"）。我们知道，爱因斯坦并没有成功地以这种方式还原所有力场，因为不同力场中的细节抗拒了这种还原。

是什么诱惑着书写者走进文具店去攫取笔的权力，这部随笔已经进行了部分讨论，尽管它并没有提供笔的场域理论。

将圆圈拉成直线，并在这些直线字行的基础上抵达他者，这种意志诱惑着书写者走向文具店，以攫取笔的权力。对这种特定权力的意志是以西方文化的形式实现的，在这个意义上，这部随笔建议将笔的场域指定为我们社会的"下层基础"——但不排除从其他角度来看，其他场域也有构成这种"下层基础"的可能性。这种特定权力的意志以书桌为起点。

普通的（durchschnittlich）书桌都受混沌支配：纸张、文件夹、夹子、烟灰缸、打字机、电话和其他用具摆放在上面，并被一盏台灯照亮。

127E 但是并不存在一张"普通的"书桌，一致性只是在混沌状态中涌现。"普通的书桌"是从所有书桌中理论性地抽象出来的，任何书桌现象学都必须意识到，将此时此地

123D 的书桌等同于"普通的书桌"这一假定是傲慢的，而只能从此时此地的具体书桌出发。

"混沌"在此（暂时）有两种指向，一种是结构尚未得到纵观的情境，另一种是结构已经纵观之后才出现的情境。换句话说，混沌要么在秩序尚未得到确认的地方被发现，要么在秩序已经完全得到把握的地方被发现。

我书桌上的混沌与自然科学中宇宙的混沌相对应。一个人要是在无意识中接触到混沌，会看到令人困惑的杂乱。然后，他开始确认其中的关系，在他的狂乱中找到方法。当坐在书桌前书写时，我处于值得赞叹的事物秩序（Kosmos）中：万物各得其所，为我所用。这时，我既是我书桌的亚里士多德，也是它的牛顿：所有的书写用具都在指定的位置上，即使移动，也必然会回到那里。有了对桌面秩序的了解，就能确定过去、现在和未来所有书写用具的位置。但是，如果我从自己和我的书桌中退后一步，审视一下书桌和自己之间错综复杂的关系，我就会变得越来越接近海森堡：我所认为的书桌上的秩序，其实是我自己投射到书桌上的一种粗略的简化。当我在书桌上寻找一枚别针时，这一点显示得尤为明白。如此，我的书桌受到混沌的支配。

现在，我夺取了权力，也就是说，我把手伸进了混沌之中，把两张纸和一张复写纸放进了打字机。我的目光既不是盯着纸张，也不是盯着书桌，而是越过它们，盯着要写的文本。整个书桌只是达到目的的一种可鄙手段。它将因某种目前尚不明确的目的而得到正名。从来没有一种夺取权力的方式能够避免这种对手段的正名。当然，人们可

以尝试欣赏而不是鄙视这种手段。但这会造成一种奇怪的

困惑：我越是关注纸张和打字机，我想写的文字作品就越模糊不清。投向书桌的视线把文字挤出我的视野。这就是为什么当无权者要求权贵们在使用手段之前先予三思时，只会遭到拒绝的原因：它意味着要求权贵们变得无能。而事实上，对着桌子的一瞥确实显示了书写的无能而非力量。古语"必思其终"（respice finem）的大致意思是，人应该时刻牢记生命有限，但也可以将其解释为一项将眼光放远①的建议：不要被手段束缚。

如果我坐在书桌前看它（而不是书写），它就会冷淡地对待我。主要原因有二：一是书桌上放着两件与书写对立的用具（Antischreibzeug）——电话和收音机，两者对书写的宇宙而言无疑是"天外来客"；二是笔的权力渴望成为无拘无束的"精神"的权力形式，结果却不得不与书写用具的诡计绑定。

观察书桌上的这两个天外来客，可以得出的印象是：信息化侵入书写，有两种截然相反的方式。收音机提供背景音乐，为书写服务；而当电话冥顽不灵地尖叫时，它打断了书写。从而可以得出这样的结论，即信息化可以愚蠢地打扰书写，也可以成功地为笔的权力服务。但这个结论

---

① 原文为 über den Tisch zu blicken，字面意思是"越过桌子看"。

是错误的。收音机播放的背景音乐不是白噪音，以使书写中产生的信息在其对照下变得可感知（通信理论对此有所论述）；相反，它是对书写的嘲弄。它在书写者耳边低语：你所产生的信息最终不面向任何读者，而是面向我的黑箱，这些信息也将成为背景音乐。电话的持续尖叫不是打断书写，而是阻止书写，以宣告一种新的话语权力已降临电话之中，用笔与之抗衡是徒劳的。

电视上描绘的权贵们，都在空桌子上放着一连串电话，无论是否明显。如果是非常有权势的人，那就还有部红色的电话。这些权贵坐在书桌前使用电话，而不是书写。电话的这种作用被视为权力。这就产生了一个维特根斯坦式的问题："那是一张书桌，但不是用来书写的。"这句话有何意义？桌子上的两个天外来客具有抑制作用，因为它们让笔的权力乃至"权力"的概念失效。

125D

129E

当我们把注意力转向桌上的其他用具时，将书写定义为符号操作就会受到质疑。我在书写时真的是在与字母和它们所指的语言这样的软用具（软件）作斗争吗？难道我不是首先与撕裂的墨带、卡住的订书机、令人绝望的放错地方的纸张这些冥顽不灵的东西作斗争吗？你，笔的天赐权力，但凡认识你的人，没有个不曾打碎了牙往肚里咽①，例如，当他们受挫于打字机的失灵时。文学评论只看到了

---

① 原文为 sein Brot in Tränen aß，字面意思是"就着泪水吃面包"。

书写的天道，而没有看到书写的尘途，除了那些极端情况，例如，在古拉格写下的文本。

书写竟是劳动吗，书写的"脑力"成分竟比体力少吗？（"脑力"能否修饰"劳动"这一概念，也值得怀疑。）书写者在书写时，不就需要用上寻常的手、牙齿和舌头，而不仅仅是优雅的指尖吗？

突然，信息革命看起来像是一种救赎。因为，如果我们把所谓办公用品广告中展示的桌子——这些洁白、干净的实验室桌子，上面摆放着无纸化装置，边上坐着面带微笑、气质高雅的女孩——与我们经验中的书桌相比较，就会觉得自己是一只在三叠纪泥潭中刨食的恐龙。与"智力"打交道的是那些广告中的微笑的女孩，而不是我们。坐在书桌前的书写者恰恰是阻碍她们起舞的物质阻力。这些女孩才是真正操纵软件的人，她们比我们更用脑力。

126D

当然，只要我们把注意力从手段转回到文本，只要我们不理会那些理所当然地被称为"愚蠢"的用具，我们就

130E

会再次陷入一种被称为"笔的权力意志"的狂热中。但这种狂热之中夹杂着苦涩的余味。我们现在不屑一顾的用具确实很笨，但我们在广告中已经见过那些"智能"书桌了。也许正是因为我们的书桌太笨了，所以书写才能激发我们的灵感？那么，当它们变得越来越聪明时，我们这些书写者是否也变得越来越愚蠢了呢？这个生存论问题，在文具店里产生，在书桌前愈演愈烈，此后也将伴随我们所

有的书写。它在我们的文字中显现出来，再也无法平息。一旦它可疑的立场变得分明，这张处于过渡期的书桌——如塞尔[①]所说的那样，位居"西北航道"上——将无法再保持平衡。它的四条腿在这场地震中摇摇晃晃。这头可怜的驮兽无法得到拯救。

　　总结有关文具店和书桌的讨论，我们可以认识到，文字的消亡就是政治的消亡。与所有展览和商店一样，文具店也表明城市和公共空间（出版空间）注定要消失。特别是，文具店［纸品商店（Papierhandlung）］表明，纸张（Papier）的消失同时也标志着行动（Handlung）的终结。书桌则表明，笔的权力不会再遇到任何阻力，因此再也无法实现自身，而权力的概念本身则被自动受控运行的新概念所取代，因此所有的政治思维（权力范畴的思维）都绕开了后文字情境。综观文具店和书桌，书写者的任何政治参与都会被视为可笑的错误。对当代大多数书写者来说，这一观点并不值得冒险尝试。这种观点本身，则是手段与目的之间众所周知的错配在新视角中的展现。在整个文字文化中，手段是渺小且可鄙的，目的则是伟大而高尚的。 127D
如果在衡量《神曲》所要达成的目的时，去考虑但丁所用

---

① 米歇尔·塞尔（Michel Serres, 1930—2019），法国哲学家、作家，著有《西北航道》（*Le Passage du Nord-Ouest*）等，以打通自然科学和人文科学为目标。

的鹅毛笔，未免可笑。在这种情况下，手段无疑被结果正名。但事情已发生变化。在智能书桌上，摆放着异常复杂的手段，将它们与其所要达到的目的相比较，人们可能会说情况刚好相反，即目的被手段所正名。只要去一趟文具店，就会发现店里的东西比要写的笔记更华丽，比它被假定的用途更有意义：这些用具所蕴含的智力成分，比它用来书写的潦草字迹要多得多。手段变得如此高明，以至于目的变得多余。手段变成了目的，甚至成为自己的目的，从而使目的变得多余，这就是"媒介文化"的含义。这一点在热核军备竞赛中体现得格外清晰：手段是如此强大，以至于任何有关目的的问题都近乎愚蠢。

131E

最后，人们把注意力集中到了书写手段上。与"时代精神"完全一致的是，人们忽视了书写的目的。当整齐排列的字行让位于由粒子构成的拼图游戏时，"目的何在"这个问题还有意义吗？

17

脚　本

　　近年来，出现了一些既不是面向出版者，也不是通过出版者而面向读者的文本，它们面向的是电影、电视和广播制作人，再通过他们面向观众和听众。撰写这些文本的人被称为"脚本家"，这个词在词源学上的意思类似于"书写蚀刻者"，但我想不到与之对应的现代德语词。本章讨论的内容将进入这些人中间。这并不容易，因为他们站在一片容易滑倒的倾斜地面上，它是文字文化的高原与技术图像文化的深渊之间的桥梁。因此，脚本家总是会滑倒，随时都会一头栽进深渊。他们就像走钢丝的人一样，试图通过文字的杂技来保持文本与图像（或声音）之间的平衡。但由于图像引力场的牵引，他们无法做到这一点。不过，这种杂技不是公开的景观，因为它发生在媒介内部，只能从媒介的输出（"节目"）中获取（读出）。如果脚本是公开的马戏表演（如果脚本家在媒介的竞技场上面对公众），他们的呼喊就会传播得很远很远。它将像一声

— 153 —

刺耳的呼喊充斥文字文化离去的空间："将死之人向你致敬（morituri te salutant)！"①

脚本是混血儿：它的一半仍然是要上演的戏剧的文本，因此与索福克勒斯一脉相承；另一半则已是对装置的编程（Apparatprogrammierung），因此是人工智能自动运算程序的祖先。从过去的角度来看，脚本家就是剧作家，而从未来的角度来看，脚本家则是一个尚未完全自动化的文字处理机。但是，就像任何嵌合体一样，脚本家也有自己的生命，无论多么短暂，多么鬼魅。将他视为信息化的索福克勒斯或走钢丝的人是不公正的。要想理解他们，就必须设身处地思考他们的境况。

广播脚本从一开始就应区别于其余脚本。因为其余脚本的目标都是有声图像，而广播脚本的目标是没有图像的说话者。前文提及了一种说法，认为未来所有类型的声音都将朝着有声图像的方向快速发展。按照这一假设，广播、唱片和磁带应被视为残缺不全的传播媒介，它们被截去了图像。它们之所以还得以保存和复制，是因为它们暂时比相应的视听媒介便宜。这种假设是有争议的：在电视的爆炸式发展面前，广播不是已经坚守了自己的位置，在

---

① 据传，这一拉丁文格言出自公元 52 年孚喀努斯湖中参与海战表演的囚犯，他们被迫在表演中相互搏杀至死。表演开始前，他们在罗马皇帝克劳狄乌斯面前说出此言。

信息化格局中占据一席之地了吗？不过，目前便携式收音机、高保真音响系统和随身听的高速发展可能只是一时的反常而已。一旦有声图像小到可以装在手环里，而它们发出的声音又足够生动，可以盖过传到耳朵里的其他声波振荡，那么无图像消息就会被证明是一种不必要的贫乏。可以预见，广播脚本家的前途不会十分光明。

这是令人遗憾的，因为广播脚本家毕竟是所有脚本家中最接近剧作家的人。与莎士比亚一样，广播脚本家自己的文字得到了发送；与莎士比亚一样，受广播节目吸引的听众也愿意读到他的文字。这些相似之处当然也有局限性。人们可以在戏剧演出之前、之后或完全独立于戏剧演出之外阅读《麦克白》的文本，而每次阅读都会接收到不同的消息。事前阅读是为了设想这部戏剧。事后阅读则是为了确定戏剧中遗失了多少文本，又增加了多少文本。独立阅读是为了将文本中的戏剧要素去除（dedramatisieren）。当人们少有地阅读广播脚本时，总会有一种断章取义的尴尬感——脱离广播节目和整个广播编排：广播脚本的文本 130D
并不能自立。如果它本身是完整的，那它就是一个糟糕的 135E
脚本，不符合电台对它的要求。将脚本与戏剧文本相比较，可以看出我们的生活基调发生了更深刻的变化。我们不再戏剧性地生活，而是程序性地生活。

戏剧展示的是行动（Handlung），而程序则给出如何行为（Verhalten）的指令。即使是那些描绘最大苦难的戏剧（如耶稣受难剧），也试图唤起我们的同情和恐惧，即行动的动机。程序充斥了最为多样的行动，以求唤起我们的感知、情感和痛苦，从而让它们驱使我们。戏剧性的生活基调受制于一种信念，即每个行动都是独一无二、不可磨灭的，每个错过的行动都已成为过去。这是历史意识的基调。程序性的生活基调则是基于这样一种信念：相信永恒轮回，相信每次行动都无关紧要。程序实际上也不断强化这种信念。这是后历史意识的基调。

无论广播节目脚本家与剧作家多么相似，前者的书写都是程序性的。这（而不是广播本身即将面临的危机）是他前途未卜的原因：他以一种非戏剧性的基调书写，但书写本身是一种戏剧性的姿态。在撰写脚本时，他自相矛盾。他是一种特别有害的否定辩证法的受害者。

其他类型的脚本要比广播脚本这个嵌合体更能说明问题。这些脚本不再是文本，而是"前文本"（Prätexte），即借口（Vorwand）和欺骗（Betrug），亦即伪装〔拉丁文的"Praetendere"（伪装）可以分为"prae-"（前）和"-tendere"（伸展）〕，就像"Vortext"（借口）① 这个德语词的意思一样。这些脚本是即将被转码为图像的字母行。有了它们，字母就成了制作图像的辅助符码。在从文字

---

① 在构词法上，"vor-"可与"prae-"对应。

文化出走的时刻，字母被扭转为它自己的反面。字母从图像中来，掌握图像，现在又回到图像中去，创造图像。131D整个文字文化，作为一个长达三千年的过程，就像是一个循环，它从图像中走出，又回到图像中去。

字母文本沦为图像的伪装，只能是一种过渡性的现象。136E脚本之所以被书写，是因为当下到处都是以字母表校准的各类设备，譬如打字机、文字处理机和以字母方式存储信息的大脑。闲置这些设备是一种浪费。正如在（19—20）世纪之交，马车变得越来越少见，汽车变得越来越普遍，在不久的将来，这些依托字母的设备会变得越来越少见，以新符码校准的设备也会越来越普遍。很快，人们将不再需要驾驭马车来处理图像，脚本将让位于编码功能更强的图像指令。因此，脚本是一种双重伪装：它们假装是文本，实际上却是图像程序；它们假装字母仍在图像文化中发挥作用，实际上只是为在字母完全消失之前的最后一刻，用尽那些过剩的字母原料罢了。

脚本是文本的绝唱：是与书面文献的惆怅告别，也是与真正意义上的历史的告别。文本的基本特征是面向读者。脚本不再是这样。文本的本质，它的真正核心，已经从脚本中消失了。脚本是虚无缥缈的文本幽灵，在文字文化的子夜，在崛起的信息文化的晨风将它们从空气中清除之前，它们徘徊于书面文献的坟头。

在其最初阶段，字母字行曾将我们推向历史的方向。

现在，字母字行到达其最后阶段，看起来与一开始并无二致：字行破烂不堪，中间还有缺口。递推的、批判性的思维在其中不断重新开始，又不断被新出现的图像粗暴地打断。位居最初的文本之中，递推话语的呼吸曾如此悠长，如今却已喘不过气来。人们可以谈论电报文体，并由此发现一种独特的美，即高度浓缩。但是，这种书写方式的抑扬顿挫的结构，尽管看起来很吸引人，但仍然只是一种伪装：一种对新的数字符码的让步。理想的书写姿态是将不同元素连接成线的连绵音。脚本放弃了这一理想，认为它无法实现。一旦认识到书写的这一理想无法达到而将其放弃，也就意味着彻底放弃了书写本身。人们假装可以反其道而行之，朝着"抑扬顿挫"的方向书写，即朝着计算和运算的方向书写，书写出脚本。这太怪异了，因为只有没有脊梁骨的幽灵才能容许这种扭曲，这种扭曲的目的是把递推的、批判性的思维变回非批判性的沉思。

当然，书写为自己设定的理想确实无法实现。没有连绵音。没有人可以滑行，而自从人们知道一切波都由粒子组成之后，就更不可能了。早在"量子化"一词发明之前，就存在着量子化的必要。很久以来，科学文本就不是字母文字。它们是字母数字型的，而且数字越来越多，字母越来越少。

写方程与写脚本完全不同。写算法时，我处于字母表的一个边界，试图跨越这个边界，朝着批判性思维的方向前进。而写脚本时，我是在将批判性思维用于不加批判的、进行沉思的图像。这是对递推思维的欺骗，是对书写精神的背叛。正因为无法否认数学符码与新符码之间的表面相似性，所以必须指出两者在意图上的根本区别。数目符码①的意图是将字母置于自身之前，而数字符码则意在推翻字母。脚本朝着数字符码的方向书写。

脚本是书写者逃离沉船的方式。这应该从形式和生存 133D 的角度来理解。写脚本的人把自己的身体发肤都献给了图像文化。从文字文化的角度来看，这无异于献给了魔鬼。脚本家用字母来为魔鬼服务。他们将字母交由魔鬼支配。他们从沉没的书面文献之船上撕下字母，献给图像的魔鬼。他们在真正意义上屈从（verschreiben）② 它——也就是订立契约，写下错误的内容。尽管不能断定，哲学家朱 138E 利安·本达（Julien Benda）所说的"知识分子的背叛"就是指脚本家的这种屈从，但他要是见过当代的电影和电视节目，就一定会作如是观。书写者、知识分子对历史精神的背叛，没有比脚本家更明显的了。这种背叛的结果随处可见。

线性历史流经在图像中开凿的脚本，按照程序在图像

---

① 即前文"数学符码"。

② verschreiben 的前缀"ver-"有"错误"之意，如 rechnen 表示"计算"，verrechnen 表示"算错"。

中陷入相同的永恒轮回。这就是某些脚本被称为"旋转之书"（Drehbücher）[1]的真正原因。这些书的字行会变成圆圈。之所以会陷入旋转，是因为在书本的背后有一种装置，吞噬着字行，将它们转码成图像。就这样，三千年前从图像中产生的历史，通过脚本的毛细血管流回图像。幽灵般的是，历史的运动在这个过程中被加速了。这些装置以脚本的形式越来越贪婪地将历史吸入自身。它们为陷入图像的漩涡而相互倾轧。自从图像制作装置发明以来，历史从未像现在这般令人窒息地快速发展，因为历史的进步终于有了一个具体的目标，那就是被置入图像。所有事件的发生都有一个日益明确的目的，那就是被图像"摄取"。

因此，脚本家站在历史的尽头和装置的起点。他们加速历史的输出，为装置提供必要的输入。他们耗尽历史的一切，将其移交给装置，并在此过程中向装置传递一切事件的意义。这种意义应当由图像赋予。他们的所作所为是对历史的可怕背叛。我们之所以没有全天候地感受到这一点，是因为我们在观看电视和电影时已经丧失了历史意识。脚本家，这些媒介马戏团的角斗士，用网捕捉文字，以扼杀它，同时自己也被这张网扼杀。这再也不会唤起我们的愤怒，因为我们变得无意识且无能，甚至无法感知图

134D

139E

---

① 这个词的实际意思就是指脚本（script），它在字面上由"旋转"和"书"两个词合成。

像背后的他们。我们不知道字母还在为图像做出什么贡献。在这一决定性的意义上，我们已经变成了文盲。

当我们凝视着字母的夕阳余晖照耀下的若干图像时，我们的背后正在崛起一个新的东西，它的第一束光已经触及我们所在的场景。就像柏拉图洞穴中的奴隶一样，我们必须转过身来面对这个新来者。

18

数 码

141E/135D　　为洞察当今正在发生的诸多变革，有各种视角可以参考，但自然科学在其中应当占有特殊的地位。最迟自 19 世纪以来，自然科学就一直是少数几个留给我们的权威之一：无须受到任何行政命令的强迫，我们就会接受它的陈述。从 20 世纪初开始，自然科学就一直在言说新的东西，以至于我们还没有开始消化它们。尽管这些新事物五花八门，但可以用两个关键词来概括：相对论和量子力学。

　　第一个关键词意味着，曾经被视为绝对的空间和至今为止都被视为清晰流逝的时间，只不过是观察者之间的关系，也就是主体之间的关系。因此，空间和时间的距离间隔，成为认识中的关键问题，在不久的将来，也将成为感知、情感、意愿和行动的关键问题。

　　第二个关键词意味着，曾经被视为坚固的世界不过是一群随机旋转的微小粒子。因此，概率和统计成为最适合这个世界的数学。因果关系只以统计概率的形式出现。当然，这变革了我们的情感、意愿和行为。我们不能再像以前那样生活了。

这些新陈述并不只是理论上的命题，聊以作为清谈。相反，它们已经深入实践，并开始从根本上重塑我们的生活。我们只需念叨一下"核电站""热核军备""人工智能""自动化"和"电子信息革命"这些字眼就足够了。这意味着我们必须时时刻刻从生存论的角度来应对新的陈述。一方面，它们在实用层面"成立"，为我们敞开了前所未有的视野以审视自由，也提供了创造的潜能；另一方面，它们又使我们的精神和身体上的持续存在受到威胁。在将新理论陈述转换为技术实践这一点上，量子理论的速度要比相对论快。这并不是说，我们不应该期待相对论在未来产生惊人的实际效果。只要想想太空旅行就知道了。但这意味着，目前我们必须专注于量子引发的问题。这些问题远非单纯的认识论或实用问题，而是事关生存论、政治和美学的问题。这些问题不应留给科学家和技术人员去解决。

现在，我们曾经称之为"物质"的东西（当时并不清楚它的准确意思）已经被证明是一种多层次的事物（Sache）。作为身体，我们只居住在一个层次：分子。其下是原子、原子核、强子和夸克，其上是星系和黑洞。这些层次之间的关系是一个未解之谜。也许它们是俄罗斯套娃，每个玩偶都被更"高级"的玩偶包含，自身也包含更

142E

136D

"低级"的玩偶，从而天文学的宇宙只是以前未曾认识到的超级宇宙的一部分——而夸克则包含了我们从未预想过的宇宙。也许这是关于褶皱之上的褶皱，关于皱纹之中的皱纹之中①的皱纹。无论如何，试图描绘这样的图景，都是徒劳的。我们发现，在这种语境下对事物具有决定性作用的是以下几点：作为身体，我们处于分子层面，但作为会思考的事物，我们处于强子层面。尽管这一发现已经有了实际应用，但它的后果仍无法设想。

每个层次都有相应的结构。天文层面是爱因斯坦式的；分子层面是牛顿式的；物质和能量在原子层面变得模糊；因果关系在核子层面终结；强子层面需要新的数学和逻辑；到了夸克，区分现实和符号就没有意义了。

137D
143E　　层次之间的界限变得模糊。航天学从分子奔向恒星；化学从分子到原子；核物理从分子经过原子再到原子核。不过迄今为止，所有这些研究都是从分子出发的。这种情况将会改变。一旦我们更好地理解了自己的思维结构，我们就会从强子（以及轻子和胶子）进入分子层面。我们将从"下面"看到分子世界、具体事物、动物、房屋、人体——从那里认识，从那里开始行动。利用某种目前的化学一无所知、遗传学也只是朦胧猜测的方法，我们将能够制造出分子物质（生物和非生物）。

---

① 原文如此。

神经生理学让我们知道，思维是一个涉及电子、质子和类似粒子的过程。它指出，这些粒子在神经突触之间跃迁，而正是天文数字般的神经突触，构成了我们的大脑。我们所说的思想、情感、愿望或决定，原来是量子跃迁的统计汇总；我们所说的感知，原来是量子跃迁汇总计算得到的表象。在大脑中，表象是由不同元素形成的，而这些元素又（以量子方式）产生了思想、愿望、决定和情感。鉴于大脑的复杂程度几乎令人难以置信，我们无法理解这些事情接连发生的细节步骤。但是，它的简化形式可以在思维机器中模拟出来。因此这种关于思维的知识在实用层面"成立"。

思维得以发生的层面太过微观，给我们带来了两方面的不便。首先，如果不影响被观察的事物，就无法对其进行观察。从而，此处无法谈论无主体的客体意义上的"客观性"。其次，这是一个纯粹由偶然性统治的领域，它可以在统计上被排成曲线，但试图预测任何一个单独粒子的未来行为则毫无意义。换句话说，一切可能发生的事情，甚至是最不概然发生的事情，都必有在那里发生的时候。138D从而，这种难以捉摸（不可能抓住客体）和不可预测性（任何可能的事情都会在某个时刻成为必然）构成了思维的特征。不过无论如何，它可以得到控制。要恰当研究思144E维，不仅可以通过不确定性和概率计算，也可以通过控制论等学科——要考虑到，控制论的控制，本身就产生于不确定性和概率统计的层面。这个令人眩晕的循环表明，我们第一次开始以学科化的方式进行"反思"，也就是说，对思维本身加以思考。

从这种还处在萌芽阶段的对思维的反思中，产生了诸多事物，其中最重要的便是"信息革命"。说它是一场革命，是因为它扭转了通往世界和人类的出发点。它不再从实体（分子）出发，而是从电子和质子等粒子出发，即从思维层面出发。由于它从下而上，它可以比以往任何革命都更彻底地改变坚固的事物，包括作为身体的人类，更不用说它给作为会思考的事物的人类所带来的变化了。尽管这场革命才刚刚开始，但我们已经可以看到它的一些基本特征。例如，它使我们不仅从哲学上，而且从技术上认识到坚固的事物仅是外表，从而不可避免地使这类事物的世界变得不再有趣。它还使我们能在屏幕上看到粒子，并在屏幕上把它们计算成图像，这必然使这些粒子的世界变得愈发有趣。再而，它使我们能依靠受控制的粒子跃迁，制造出自动思考和工作的机器，从而使所有与思考和工作相关的价值都必须被重新评估。最后，它使我们能从一个新的角度，即信息学的角度，来分析和综合思维过程，因此我们必须学会以不同的方式思考。

这种对思维的重新认识至少有两个特点：第一，我们

139D 思考的是图像，而且只是图像，因为我们称之为感知的一

切——无论是外部的，还是内部的——只不过是大脑中计算出来的图像。第二，思维不是一个连续的、递推的过程：思维是"量子化"的。这一见解与西方文化中的思维概念截然相反。对我们来说，思维过去是（而且现在仍然是）一个进步过程，它将自己从图像、表象中解放出来并对它们进行批判，从而变得越来越概念化。我们对思维的这一理解要归功于字母，而字母又要归功于对思维的这一理解（反馈）。新的数字符码产生于对思维的新理解，而反馈则使我们越是使用新符码，就越能清晰地用量子和图像的方式思考。

在这里，新符码的量子性结构应与其制作图像的功能分开来处理，尽管结构和功能显然是相互对应的。同样，字母表的线性结构也可以与其书写历史的功能分开来思考，尽管在那里结构和功能是互为条件的。新符码是数字符码，而且实际上通常是二进制符码，即"1—0"型符码，这有赖于装置的结构，新符码取决于此，而我们也需要借助这些装置来解译新符码。我们所使用的装置和电报机一样，要么让电流通过（1），要么中断（0）。基本上，新符码所要做的就是赋予电流机械性的开启和关闭以意义，将其编码（就像旗语①符码赋予手臂机械性的举起和放下以意义一样）。

———————————

① 旗语，航海中的一种通信方式，船员手举红旗，以不同的旗帜和姿势传递信号。

装置采用"1—0"二进制的结构，是因为它们模拟了我们神经系统的结构。在那里，我们也是在处理神经突触之间电流机械的（和化学的）开启和关闭。从这个角度来看，数字符码是自人类开始编码以来，第一次从外部（通过装置）赋予大脑中的量子跃迁以意义的方法。我们面临的是一条自我吞噬的认识论的衔尾蛇。大脑是一个为其内部发生的量子跃迁赋予意义的装置，而现在它即将把这种赋予意义的功能转交给装置，然后再摄入由它们所投射出来的东西。因此在根本上，新符码之所以是数字符码，就在于它们在模拟出来的大脑中，模拟了人类大脑赋予意义的功能。

这种符码化是对粒子脉冲的超快加减：一种"运算"。它不一定是线性的，譬如"1＋1＋1"的形式，而是可以在多个维度上进行。例如，微粒脉冲可以加到一个面上或从这个面上减去，从而出现由粒子组成的奇特图像。这可以被称为"计算"，因为粒子可以被如此紧密地计算在一起（kom-putiert）①，以至于它们的马赛克结构从视野中消失。类似的事情也在大脑中发生，在大脑中计算出的图像被称为"表象"（Vorstellung）。装置模拟了大脑的这种功能。我们在屏幕上看到的都是模拟出的表象，无论是世界中对

---

① 在 komputiert（计算）中间添加连字符，以突出"kom-"（来自"com-"）表示"共同、一起"的意思。

象的图像（房屋、树木、人物），还是大脑内部过程的图像（方程、预测、幻想、意图、愿望）。从图像本身来看，我们无法确定它们究竟是将外部事物（所谓的现实）还是内部事物（所谓的虚构）变得可表象。但从大脑的表象中，同样无法作出这样的判定。将大脑的功能向外投射到装置上，提出了如下问题：真实与虚构之间的本体论区分，即对图像的批判，是否可能？如果可能，它是否有意义？

模拟是一种简图：它简化了被模拟的对象，夸大了它的某几个方面。杠杆是对手臂的模拟，因为它只保留了手臂举起物品的功能，而忽略了其余所有方面；但由于它将这一功能夸大到了极致，所以它能比它所模拟的手臂更有效地举起物品。以数字符码表达自己并制造图像的思维也是思维本身的简图。但是，如果低估这种新的思维方式，认为它是愚蠢或是狭隘的，这本身就相当危险。杠杆是人体肌肉功能的第一张简图。在工业革命的推动下，它所产生的设备，在大多数领域取代了人体的肌肉功能。在对思维的模拟方面，我们正处于与杠杆类似的位置。在如下意义上，我们才刚刚开始学会思维：向外投射大脑过程，以将它们从心理、哲学和神学的意识形态中解放出来，并让它们充分发挥作用。从意识形态角度蔑视这幅关于思维的简图，并不能阻止思维从头脑中涌现出来；但这种观点，的确会给通往自由思考的荆棘之路增加不必要的困难。因此，悖论般地，字母、历史思维所滋养的批评家和启蒙者，成为将思维从其生理条件中解放出来的障碍。

正如字母最初反对象形文字一样，今天的数字符码也反对字母以求对它的超越。过去，依靠字母的思维方式，反对巫术和神话（图像思维）；今天，依赖数字符码的思维方式，则积极反对过程性的"进步"意识形态，代之以结构性的、系统分析的、控制论的思维方式。就像历史上图像要抵御文本的扼杀一样，字母目前也在建立自己的防御，以免被新符码扼杀——这对所有继续从事文本书写的人来说只是一个小小的安慰，因为整个过程一直在加速。经过三千年的斗争，直到18世纪的启蒙时代，文字才成功地将图像及其巫术性质的神话推向博物馆和无意识等角落。现在的斗争无需这么长时间。数码思维将更快取得胜利。诚然，20世纪的特征是图像的反动性反抗。我们能否预见，在不可预知的未来，被压抑的文本会对计算机程序发起反动性反抗？

19

转　码

　　我们必须重新学习很多东西。这很困难，因为我们要学的东西很难掌握，尤其是一旦学会了就很难忘记。人工智能的一个优势就是它们不难遗忘。从它们身上，我们学到了遗忘的重要性。重新学习到这一点非常重要，因为它要求我们重新思考记忆的功能。在我们的传统中，记忆是不朽之所在：例如，在犹太教中，人生的目标之一就是作为祝福留存于他人的记忆中。我们必须学会，从记忆中抹去也同样重要。我们必须重新学习什么是不朽和死亡，重新评估什么是有名和无名。

　　面对新事物的不断出现，我们必须重新学习的事物中，首当其冲的是过程性的、进步的、线性的思维，即线性文字所表达的思维方式。我们必须把字母从记忆中抹去，才能把新符码储存在那里。

　　但是，在学习新符码的同时，是否有可能不删除记忆中已经存储的内容呢？大脑不就是一个几乎不使用的存储

— 171 —

器，有大量的空间可以用来储存新的东西，而我们开始建设的那些大型人工存储器，不更是如此吗？辩证法不是说，过时的东西不会消失，而是会被扬弃？那样，不就可以设想，未来的新符码以字母为基础，字母扬弃了自身、达到新的高度，从而使我们不是成为文盲（Analphabet），而是成为超级识字者（Superalphabet）？

这是不可设想的。我们无法在字母的基础上存储新符码，因为这些符码不能容忍字母。它们迫不及待地对字母采取帝国主义态度。它们不能容忍以批判图像为目的的思维在背后继续活跃。数字符码与字母符码之间的关系，并不是生成图像的符码与批判图像的符码之间的辩证矛盾，仿佛两者可以在发展过程中相互提升而达到某种综合。相反，它是一种新的时空经验的形成，因此也是一种新的时空概念的形成，旧的经验和概念无法扬弃到这种新的时空经验和概念之中。在对此的把握中，库恩的"范式"概念比辩证法更为有效：从一个层面到另一个层面突然的、此前未曾设想的跳跃，而不是对立面的综合。通过数字符码，一种新的时空经验正在出现。就像范式一样，它必须否定之前的一切：所有在旧的"无所不在"和"同时性"概念下还无法理解的经验。这种经验无法扬弃字母，而必须将其抹去。

用数字符码产生出的图像可以在同一时间出现在任何地方，甚至超出地球表面。它们总能被召唤到当下，甚至

— 172 —

在遥远得无法设想的未来也是如此。"现在""未来""过去",特别是"远"和"近"(即"距离")等概念都有了新的含义。相对论可以帮助我们认识这些新的含义,但我们必须将它们生存论化(existentialisieren)。在尝试这样做的过程中,令我们印象深刻的与其说是图像吞噬了空间,不如说是逆转了时间的流逝:不再是从过去走向未来,而是从未来走向现在。"未来"和"可能性"成了同义词,"时间"成了"变得概然"的同义词,而"现在"则成为以图像形式实现的各种可能性。"未来"变成了可能性的多维领域,向外扩散至不可能的边界,向内现实化为当下的图像。"空间"只是这些不同领域的拓扑结构。数字符码是将这些领域的可能性转化为图像的方法之一。从而,批 151E
判这样的图像并不意味着揭示其所掩盖的事物,而是指出其中的哪些可能性得到了实现而哪些得不到实现。线性的、历史的、字母的思维方式无法胜任这样的批判,必须被抹去。

有人试图挽救字母思维,将其带入数字时代,从而继 144D
续书写。譬如有如下论证:诚然,线性思维及其线性的正字法(如布尔逻辑,或自由意志的历史意识)无法适应于多维的并因此是量子性的思维。但是,具有因果关系和进步特征的线性历史时间,不正是新的时空经验的众多维度之一吗?当我们经验新的图像时,不也是在经验历史吗?因此,难道我们不能说,新的(相对论的、现象学的、控制论的，等等）时间经验（和空间压缩），在某种程度上确实让历史的、字母的思维扬弃了自身？人们难道不能因此期待，仍有能得以继续写下去的东西，即便只是为了描述新事物？这些都不过是微小的尝试，以保证书写在未来文化的肌理中占有一席之地。

这些论证表明，忘记是多么困难。为什么人们需要描述即将发生的事情，就像这部随笔一直在拼命描述的那样？想要描述这些即将到来的事物，就是想把它强加进旧有的思维，就是要表明即将到来的事物如何必然（因果性地）来自旧有的事物，就是用旧来解释新。

新事物的新颖之处，恰恰在于它是不可描述的，而这意味着，新之为新恰恰在于意图解释它时的无意义性。启蒙运动已经结束，新事物已无从解释。它没有任何隐晦之处，就像一张网一样透明，背后没有任何东西。启蒙运动在新事物中跌跌撞撞，必须开始自我启蒙。字母表是启蒙运动的符码。只有以对字母表的澄清和对文字的描述为目标，书写才能继续下去。否则，就没有什么可解释和描述的了。

这种挽救字母的尝试事关历史思维的批判能力。字母思维不应停止，这样我们才能以批判的方式与新图像相遇。但是，"批判"也必须得到重新学习。在以前的语境中，这意味着把批判的对象分解成各个元素。例如，字母批判图像的方式，将图像分解成图片元素、像素，以将它们转码、重新排成行。但新图像不允许这种批判。它们是合成的，也就是说，它们是由先前孤立的像素组合而成的。数字符码对先前已经被充分批判、彻底运算过了的东西进行合成。旧有意义上的批判，所能发现的不过是这些图像是从电子层面计算而成的。如果这种批判试图更进一步，批判合成者的意图，那么归根结底，它也只能在其中发现被计算的电子。旧有的批判，这种对实体事物的拆解，将消失在张开的间隙中、消失在虚无中，而且完全徒劳无功。因为从一开始就很清楚，在新事物中没有任何坚固的东西可以被批判。需要一种完全不同的批判方法，一种只能用"系统分析"这一概念来近似命名的方法。对于这种批判方法，字母思维毫无用武之地。这并不是说我们不加批判地屈服于新图像；相反，我们将发展新的方法，以便对其进行分析和重新合成。这种方法已经在发展之中。试图拯救旧的批判性思维也许是高尚的，但完全错失重点。

我们必须学会以数码的方式书写——如果这种记录方法还能被称为书写，它的目的在于把传统符码转码为新符码。如果将数字符码视为一种文字符码，并认为数字符码与前字母时代的图像制作和字母时代的文字制作之间存在着连续性，那么就可以说，我们需要学习对一切进行转码：不仅对一切已得到书写的东西，而且对一切仍有待书写的东西进行转码。我们必须将全部书面文献中、我们的文化中关于事实和想象的图书馆转码成数字符号，以便能将它们输入人工存储器，并从那里调用它们。我们还必须将所有有待书写的东西、所有那些在文本中阐述的未完成的思维过程转码成数字符号。然而，如果人们在数字符号中识别出一种对全新的思维方式的表述，这种表述不能称之为书写，那也就意味着，我们将被迫从记忆中抹去整个关于事实和想象的图书馆，抹去其所有的成就和所有未完成的开端，为新事物的出现留出空间。但从根本上说，这两种说法的意思是一样的：我们必须学会重新思考我们的整个历史，无论是向后还是向前。这正是一项令人眩晕的学习任务。

当我们设身处地为未来的"读者"着想时，就会明白这一切是多么令人眼花缭乱。让我们假设，世界上的文字文献已经以数字方式得到转码，储存在人工存储器中，其原始的字母形式已被抹去。未来的"读者"坐在屏幕前，调用存储的信息。这不再是沿着预先写好的字行被动地接收（挑选）信息碎片。这更像是主动编织可用信息元素之间的交叉联系。实际上，是"读者"自己从存储的信息元素中产生他所意图的信息。在这一信息生产的过程中，"读者"可以使用人工智能向他推荐的各种编织联系的方法（目前称为各种"菜单"的调用方法），也可以使用自己的标准。当然，我们应该期待未来会有一门完整的科学，来研究信息比特调取和建立联系的标准〔所谓的文件学（Dokumentationswissenschaft）① 已经开始这样做了〕。通过一个例子，我们可以更清楚地看到这种"阅读"产生的结果：

让我们假设这位"读者"对科学史感兴趣，也就是说，是一系列信息片段，对现在的读者而言，它们确立了一定的时间顺序。按照我们目前的阅读和思维方式，"亚里士多德"会排在"牛顿"之前。然而对未来的读者而言，"亚里士多德"和"牛顿"都已被转码为数字符码，它们是可以同时访问的。因此，他可以同时调取这两个系统，并 147D使两个系统相互重叠和干扰。例如，在"牛顿"系统中，"惯性"将与"亚里士多德"系统中的"模体"（Motiv）相 154E冲突，"亚里士多德"系统中的"正义"原则将与"牛顿"系统中的因果关系链相碰撞。"读者"将能够操纵这两个彼此重叠的体系，从而出现一个中间阶段，即"亚里士多德"系统可以从"牛顿"系统中产生，"牛顿"系统也可以从"亚里士多德"系统中产生。根据现有的数据，"读者"会发现"牛顿"系统实际上比"亚里士多德"系统更晚近，但他也可以很容易地颠倒"历史"。

选择这个例子是为了说明，对未来的"读者"而言，信息要素之间的交叉联系将是任意的，不一定按照线性

---

① 信息科学的一部分，主要是对信息记录和检索的研究。

的、历史的方式编织在一起。他将能够从他的数据中读出科学史等内容。但这种"阅读"所得出的历史恰恰不是我们所说的"历史"。历史意识——这种沉浸在戏剧性的、不可逆转的时间流中的意识——已经从未来的"读者"身上消失了。他凌驾于历史之上，能够编织自己的时间流。他不是沿着一条线来阅读，而是编织自己的网。

将书面文献以新符码转码是一项令人眼花缭乱的任务。它要求我们将自己的思维世界转移到一个陌生的世界：从口头语言世界转换到表意图像世界，从逻辑规则世界转换到数学规则世界，尤其是，从字行的世界转换到粒子建构起的网络的世界。

在形成相关的翻译理论和哲学之前，我们可能无法开始这种转码。我们离这个目标还很遥远。尽管如此，我们仍然可以看到到处都在进行转码（不过，除了在幻想中以外，被转码的文本还没有被销毁）。

在将文本转码为电影、唱片、电视节目和计算机图像的过程中，科学文本的变化最引人注目。在这里，以逻辑和数学思维为基础的陈述变成了图像，而且这些图像是动态的、多彩的。这就是在缺乏相应翻译理论的情况下，科学思维被翻译成新符码的方式。与这种认识论上的危险相比，那些政治和美学上的风险（如将小说改编为电影，或将诗歌搬上电视屏幕），就显得苍白了。

在转码的情境中，我们面临着两种截然相反的倾向。

一方面，有些人不愿意学习转码，因为他们认为没有必要重新学习。另一方面，有些人对所有已写和待写的东西都抱着转码的心态，这可能是因为他们察觉到一场冒险正在临近，也可能仅仅是因为他们开始对所有潦草写下的文字感到厌恶。在这两个极端之间，有些人同时意识到转码（即重新学习）的必要性和困难性。我们期待这些人能提出翻译理论和哲学。如果能做到这一点，那么从字母文化向新文化的过渡，将成为超越当前思维和生活条件的自觉步骤。如果不能达成，恐怕就会陷入文盲的野蛮状态。

然而可以反驳的是，尽管立于危墙之下①，事情实际上还一直悬而未决，这就说明古语所说的"危墙"可能是非常牢固的②。但是这种如履薄冰的感觉，不正造就了我们所说的"自由"？前方纵然是刀山，身后也同样是火海③，而我们必须向前看吗？对我们这些拼读字母的人来说，当下从字母向新符码的过渡，就像在悬崖峭壁间的危险行走。而对我们的孙辈来说，这似乎将是一场轻松的漫步。他们会在幼儿园里轻松地学习新的东西，但我们并不是他们。我们必须回到幼儿园吗？

---

① 原文为 auf des Messers Schneide gestanden hat，字面意思是"立于刀锋之上"。

② 原文为 die berüchtigte Schneide wahrscheinlich außerordentlich stumpf ist，字面意思是"这句成语里所说的'刀锋'可能是非常钝的"。

③ 原文为 rollende Brei，字面意思是"滚烫的粥"。

20

落　款

157E/149D

我们必须回到幼儿园。我们必须回到那些尚未学会读写的人的水平。在这个幼儿园里，我们将不得不学着用电脑、绘图仪和类似的"玩意"玩幼稚的游戏。我们必须使用复杂而精巧的装置，这些装置是千百年来智力发展的成果，却被用于幼稚的目的。这是一种屈辱，但我们必须忍受。与我们共享这座幼儿园的年幼的孩子们，在处理这些笨拙而精巧的东西时，会比我们更加轻松自如。我们试图用术语的繁复游戏（Terminologiegymnastik）来掩盖这一代际次序的颠倒。当我们在笨拙地摆弄（herumspielen）时，我们不把自己称作"落后的白痴"，而是"进步的计算机艺术家"。我们试图用字母写下博学而华丽的评论，来为我们的摆弄大做文章，无论是给自己，还是给其他那些继续用老方法书写和思考的人。但这骗不了任何人。当我们坐在 Minitel、苹果（Apple）电脑和康懋达（Commodore）电脑前时，我们正在做的事情是如此原始，这一点是任何有关它的座谈会、讲习班或研讨会都无法掩盖的。它只是一种思维的简图。

我们的传统对此有现成的平反理由，即我们是有意进行这种倒退的。比如，耶稣不是说过，如果想进入天国，就应该像小孩子一样吗?[1] 只不过，费尽心机获得并竭尽全力坚持与维护的意识层面[2]，并不那么容易抹去。在耶稣的时代，这肯定是为了破坏古希腊的艺术和科学、犹太教的神学和教义推理，从而为天真的信仰扫清障碍。结果，正如我们所知，产生出了由原始、野蛮和颓废组成的奇特混合体，我们称之为中世纪早期。事后看来，我们在这种混合体中，确实看到了卓越成就的萌芽。它以文艺复兴的名义，再度产生出遭瓦解的古希腊人的思维方式；它以宗教改革的名义，再度产生出被拆解的犹太教的思维方式。不过，我们与当代的原始、野蛮和颓废倾向之间未能留出足够的距离，因此无法识别其中卓越成就的萌芽，无论我们如何清晰地感受到这种卓越品质。推动我们回到幼儿园的不是某种希望的原理，而是原则性的绝望，即出于这样一种无法避免的信念：我们不能再这样下去了。

文字文化的戏剧，这出精神与蒙昧主义势力之间的斗争，正在落下帷幕。在这出戏剧中，出现过一些残酷的场

---

① 《马太福音》18：3。
② 即历史意识的层面。

面：比如，纳粹这样的反派占据了舞台的中心；又比如，主角自己在宗教裁判所受到残酷的迫害。这些场面，让参与这种即将消失的文化一事变得值得怀疑。然而，我们无法带着轻松的心情告别这出戏剧。这是一场盛大的演出，我们仍被它深深裹挟。"我是来埋葬凯撒的，不是来赞美他的。"①

三千多年前，当人们在地中海东岸的某个角落第一次书写字母时，他们的生活世界和我们的相比还很小，而且充满了障碍。它的历史不过几代人，而且有人对它的起源提供了一手叙述。虽然环绕世界一周十分艰难，但徒步而行未尝不可。在这个圈子里活动，会遇到超人的力量，它们会对任何没有为其牺牲与献身的人进行可怕的报复。这些与人类对立的力量，以无所不在的恐怖形象围绕着人们。因此，只有在极少数非自愿的情况下，人们才会离开村庄这个受保护的空间，那是非人的生活世界中属于人类的部分，人们用文化将其征服。要是有人离开文化去冒险，怪物（Ungeheuer）就在那里等着他。有陌生人闯入村子，就意味着可怕的事物入侵了人们熟悉的地方。受缚于这样的社群，那时的人们度过他们相对短暂的一生。若他们死了，那一定是因为谋杀，是人或超人所为。活着的人

159E
151D

—————————

① 语出莎士比亚的作品《裘利斯·凯撒》。

— 182 —

必须为此复仇。

字母组成的字行突破了这个狭窄的巫术圈。它们打开了不断延展的广阔空间。世界的起源被向前追溯至远远超出人类的尺度，不得不用诸如一百五十亿年这样没有生存论意义的概念来衡量。世界的范围扩大到不可估量，也坍缩到难以设想的微小。在任何地方，无论是巨大还是微小，只要走得足够远，就会遭遇空虚。我们不仅看穿了制约我们的超人力量（这就是所有四种力：引力、电磁力、强相互作用和弱相互作用），我们还在一定程度上让它们为我们服务。在这个变得广阔、空虚、部分可为我们服务的世界里，我们的行动越来越灵活、迅速。在这个过程中，我们彼此碰撞。我们尽可能地推迟死亡，以求将其隐瞒或诋毁。生活世界发生的所有这些剧烈变化，在三千年前是完全不可能发生的，它们是字母字行的产物。

也许有人会说，字母字行和沿着字母字行移动的思维照亮了巫术—神话的生活世界的死寂黑暗。它们在那个世界上凿开了窗户，让批判性思维的光芒照进来。但这并不能说明字母革命的最终后果是正确的。它的确以打开窗户为始，到后来，批判性思维立起大门，人们穿过它们，去外面体验世界。最后，它推倒了围墙。如今，批判性思维的清辉从四面洒向八方。甚至人类个体的内心也被这种冷酷的 X 射线照亮。这意味着已经没有什么可以被照亮了。没有任何东西可以阻挡批判性思维的光芒。它们奔向虚空。

— 183 —

这样，字母书写（和思维）就达到（并超越）了它最初的目标。要进一步展开思考，就必须掌握新符码。如果有人认为线性意识已经超越了它的目标，会在虚无中迷失自我，那他还是在从事历史批判，即还是在进行线性思维。这相当于说，历史是一个从前历史的狭隘充盈走向后历史的广阔空虚的过程。

历史意识的目标是无法实现的，原因就在于此：只有历史意识才有目标（它是线性的），其他意识层次没有目标。因此，当历史意识把自己的目标设定为达到一个没有目标的意识层次时，它就会得出错误的结论。目标可以在历史中追求，但不能在神话中追求，也不能在新事物中追求。只有在这个意义上，我们才有理由说，历史已经"超越"了它的目标：一种新的无目的形式（Form von Ziellosigkeit）从中产生。也就是说，历史可以平静地继续下去，追求它的（永远不可能实现的）目标，但立足于新的意识层面的人，可以从高处俯瞰一切目标，因为这一切都不再与他有关。

前历史的意识层面在图像符码中得到表达，历史的意识层面在字母符码中得到表述，新的意识层面在数字符码中得到阐发。它们两两之间存在着鸿沟。每一种从字母出发，试图弥合与"数字"符码之间鸿沟的尝试都将失败，因为它将把自己的线性、目标导向型结构带入数字符码，从而将数字符码掩盖。因此，上文提出的意识的字母模型在使用之后就应该被消除。这部整篇用字母写成的随笔也是如此，因为它试图把书写本身书写出来。它所提供的临时的辅助手段，在应用于新事物时，应当保持合理的怀疑，并在完成后就应被抹去。

就这部随笔试图针对文字进行书写而言，它在使用之后就应被擦除。既然这些文字写的是文字本身（而且显然写得不够宽泛），那么就应该把它当作"书写"的落款来读——这是双重意义上的：既是对已写内容的确认，也是句点前最后写下的东西。

然而首先可以提出的反对是，书写不需要确认。一个 153D
书写者，如果擅自用自己的名字为这一古老而灿烂的精神表述签字确认，那肯定是自命不凡。但是，如今请愿书和 161E
抗议书四处流传，收集到成千上万的签字，不是很常见的事情吗？这部随笔，这个落款，希望被当作千千万万落款中的一个：它签署下声援被指控的文字的请愿书，它是对二次文盲威胁的抗议，甚至是被压抑的哭泣。但是，当文字被带入坟墓时，我们怎么可能完全压抑住眼泪，即使我们在意识最为浅薄之处也确信眼泪并不合适？

人们会说，"最后的文字作品"——这太可笑了。当然，会有更多由文字作品组成的浪潮，流经出版者和技术先进的复制装置，流向文字领域。这部随笔的书写者肯定会写出更多的文字作品，这几乎是大概率事件：他不可能不这么做。最后，鉴于这种"最后的文字作品"造成的文本的泛滥，谈论它们确有其意义。这部随笔关心的正是这一意义。

有些人书写是因为他们认为书写仍然有意义；有些人不再书写，而是回到了幼儿园；还有一些人明知书写毫无意义，却仍然书写。这部随笔实际上是面向前两种人而写的，但献给第三种人。

21

第二版后记

新版本诚应超越旧版本，并用新的考虑对旧有的考虑
加以补充。但这篇后记不必是补充性的，因为它是一部随
笔。随笔就是要激发他人重新思考，促使他人提供补充。
正因为如此，这本书也将以软盘的形式出版：它的目的是
像滚雪球一样，最初的阐述越来越多地被后续的补充覆
盖。一系列分支式的新版本将陆续推出，新观点将不断覆
盖旧观点。因此，发表一部随笔不是为了证明或反驳什么
（就像做实验一样），而是为了不断以对话的方式重新思考
一切。新版本的问世，证明我们仍然关注文字，而不是
"后文字"。只是要跳出文字，进入后文字并不那么容易。
这部随笔的如下欠缺值得考虑。

文本中的思考表明，从根本上说，书写只有两条出
路：回到图像或转向数字；回到表象或转向运算。在这些
思考的过程中，我们发现这两个方向可以神不知鬼不觉地
融合在一起：数字可以被计算成图像。人们可以尝试跳出

以文本性的书写为基础的思维，转而进行想象性的运算。如果这样做成功了，计算思维和想象思维都会在文字思维中得到扬弃。这样的话，书写者或许可以囫囵吞下数学家和图像制作者，消化他们，从而将自己提升到一个新的高度。但是这条路走不通。

令人遗憾的是，解释起来也很简单：进行尝试的书写者数学能力不足。人们可能会认为自己事先就知道这一点。但事实上，那些数学能力足够强的人并不会试图摆脱文字，因为他们已经不屑地把文字放在一边了。因此，尽管意识到自己的无能（失败无可避免），书写者仍必须做出尝试。这正是随笔式思维的戏剧性之处：它知道自己的无能，并求教于那些能力更强的人以继续进行尝试。

知道自己无能并不一定是缺点。在这一过程中，可以自嘲，以保持努力向前进行尝试。所以，我们不是以嘲笑来移风易俗，而是以自嘲来改正自己。这也许并不是一次彻底的失败，因为它至少迎来了现在的第二版。

威·弗，1989 年 6 月

图书在版编目（CIP）数据

书写还有未来吗？/（巴西）威廉·弗卢塞尔著；朱
恬骅译. －上海：东方出版中心, 2024.5
　　ISBN 978-7-5473-2405-9

　　Ⅰ.①书… Ⅱ.①威… ②朱… Ⅲ.①文字－发展－
研究 Ⅳ.①H02

中国国家版本馆CIP数据核字（2024）第087417号

Die Schrift. Hat Schreiben Zukunft?
By Vilém Flusser
© Copyright 1987 EUROPEAN PHOTOGRAPHY Andreas Müller-Pohle,
P.O.Box 080227, 10002 Berlin, Germany, equivalence.com
EDITION FLUSSER, Volume V (2002[5])
Simplified Chinese translation copyright ©2024 by Orient Publishing Center
ALL RIGHTS RESERVED

上海市版权局著作权合同登记：图字09-2024-0283

书写还有未来吗？

著　　者　[巴西]威廉·弗卢塞尔
译　　者　朱恬骅
策划编辑　陈哲泓
责任编辑　时方圆
装帧设计　左　旋

出 版 人　陈义望
出版发行　东方出版中心
地　　址　上海市仙霞路345号
邮政编码　200336
电　　话　021-62417400
印 刷 者　上海万卷印刷股份有限公司

开　　本　890mm×1240mm　1/32
印　　张　6.125
字　　数　102千字
版　　次　2024年7月第1版
印　　次　2024年7月第1次印刷
定　　价　59.80元

作　者

威廉·弗卢塞尔（Vilém Flusser），1920 年出生于布拉格的犹太
家庭，第二次世界大战爆发后流亡巴西，晚年定居法国。弗卢塞
尔以德语、法语、葡萄牙语等从事学术写作，致力于研究书写文
化的衰亡和技术图像文化的兴起，著有《迈向摄影哲学》《技术
图像的宇宙》等，作品被译为多国语言，是享誉全球的媒介思
想家。

译　者

朱恬骅，复旦大学文艺学博士，上海社会科学院文学研究所助理
研究员，主要研究方向为计算机艺术与美学，著有《计算机艺术
的形态发生》。